Livre de lectures

Marthe Rob
notre monde
plaçable. El
offrant *La R*
claires parm
beaucoup, e
de la littérature en langue allemande : Goethe, Grimm, Nietzsche et... Kafka. Kafka, dont un jour elle s'est sentie devenir comme le « double », au point de reproduire sa façon de vivre et d'éprouver en elle les symptômes de son mal : c'était quand elle travaillait à son admirable essai, *Seul, comme Franz Kafka.*

Alors? Où est donc Marthe Robert? En traduction? En psychanalyse? Ailleurs encore? Non. Elle ne campe sur aucun territoire, mais elle est sur tous à la fois. Elle les traverse, et les retraverse, sans fin, promeneuse infatigable, et à chaque passage elle prélève quelque chose, un mot, un concept, une leçon, elle prend des bribes de savoir. Jamais trop. La juste mesure de ce qu'il lui faut pour enrichir et féconder son amour de la littérature. Pour affiner son œil de lectrice. Pour toujours mieux lire en somme, et toujours mieux avancer dans la compréhension des textes.

Et c'est cette érudition impressionnante, sans la moindre lacune, alliée à une formidable acuité du regard, que l'on découvre dans *Livre de lectures.* Un livre piège qui envoûte littéralement son lecteur.

D'abord il y a le titre. Une provocation, parce qu'il évoque irrésistiblement des souvenirs d'école, qu'il remet en mémoire l'image des vieilles anthologies, ces brutales sélections de textes du fonds littéraire effectuées selon l'injuste hiérarchie des goûts d'une époque. Quand il désigne en fait un « Journal » de lectures, comme le précise Marthe Robert dès les premières lignes, un ensemble de notations et de remarques rédigées au fil des « livres qui me sont tombés un jour entre les mains ».

Ensuite, il y a la joie, l'allégresse même de l'écriture. Légère, précise, sans jargon, elle vient en renfort accentuer la force du message. Comme si Marthe Robert jouait avec la finesse des mots, comme si elle tenait à ciseler son texte, pour ajouter aux plaisirs de l'esprit les bonheurs de l'œil.

Et enfin il y a l'essentiel. Le rude travail de la Critique. La lecture telle quelle, à nu. La traque têtue des mystères de la littérature. Parce que c'est cela, finalement, le but véritable de toute lecture :

(Suite au verso.)

repérer, démonter les mécanismes du phénomène littéraire. Comprendre « ce qu'il en est de la littérature en général, ce qui justifie son extraordinaire pouvoir social », et découvrir ainsi son ultime secret : « de quel fonds mal exploré elle tire toujours sa fascination ».

Le voilà donc le sens profond de ce journal sans date, de ce *Livre de lectures* formé au hasard des pages tournées, aimées : d'être comme une quête initiatique, une remontée vers les sources des grandes énigmes de l'écrit.

Sans distinction de genres et sans qu'il soit tenu compte de la qualité des œuvres, les textes parlent. D'une voix familière. Ils disent les rêves, ils racontent les délires de leurs auteurs, cette prétention insensée qu'ils affichent et qu'ils font partager : d'être les interprètes de la symphonie humaine. Pour eux l'homme n'a pas de secrets, ils ont percé à jour les dédales de son âme, à la lettre ils connaissent et ils prononcent sa vérité toute crue. Et bien sûr on me croit. Parce qu'ils ont mis en place un génial système d'intoxication collective. Comme ça, mine de rien, sans avoir l'air d'y toucher, ils se sont donné mandat et ont prétendu que cela venait d'en haut. Tantôt mission divine, quand ils avaient le cœur religieux. Avec les mots pour la fonder : inspiration, consécration, vocation, etc. Tantôt mission simplement « supérieure », en quelque sorte laïque. Avec Balzac, par exemple, qui se déclarait le « secrétaire de l'histoire », ou encore avec Zola qui se nommait « juge d'instruction de l'humanité ».

Mais attention, aujourd'hui ce pouvoir de l'écrivain ne fonctionne plus si bien. Le XXᵉ siècle a cassé le jouet. Un vent mauvais a soufflé depuis l'Est sur les têtes artistes. C'est Tchékhov qui, parmi les premiers, va rompre le pacte du rêve. Formules assassines et doute absolu, il a fait violence aux mythes et décrété que l'artiste n'a pas de sens, que « plus il est doué plus il est incompréhensible ». Et puis dans la foulée il y a eu Kafka. Une conscience à fleur de peau. Le déchirement fait homme. Marthe Robert rappelle quelques-unes de ses nouvelles méconnues : *Les Chiens volants, Le Champion du jeûne* et *Joséphine la cantatrice.* Trois cas de figure artiste. Trois formes de cette suffisance hautaine dont Kafka rompt les charmes en dévoilant le monde d'illusions qu'elles sécrètent et l'arbitraire de leur position.

Et la crise dure maintenant depuis plus de cinquante ans. Les scribes inspirés battent de l'aile, les vocations artistes défaillent, la littérature vacille. Grâce à Marthe Robert nous suivons pas à pas les tours et détours de cette nouvelle Odyssée.

MARTHE ROBERT

Livre de lectures

GRASSET

ŒUVRE DE MARTHE ROBERT

Dans Le Livre de Poche :

LA VÉRITÉ LITTÉRAIRE.

Comme je n'en finis pas de m'interroger sur la littérature et, surtout, sur les rapports exacts des choses écrites avec la vie, je me propose de consigner ici, dans une sorte de Journal non daté, les remarques et questions qui me viennent à l'esprit en relation avec ce que je lis, sans tenir compte du genre des textes ni même de leur qualité. Dans ce recueil que j'intitule *Livre de lectures,* par antiphrase, cela va de soi, car on n'y trouvera pas de ces modèles fournis par les anthologies, et encore moins les certitudes sur quoi se fondent les manuels, je n'envisage nullement de citer œuvres et auteurs pour en faire la critique, fût-ce au sens scientifique et technique que le mot prend désormais pour nous, mais bien plutôt de relever au jour le jour ce que le fait littéraire a de flou, de fuyant et d'incompréhensible au fond sous ses airs rassurants de phénomène classé. Je veux en somme demander aux livres qui me sont tombés un jour entre les mains ce qu'il en est de la littérature en général, ce qui justifie son extraordinaire pouvoir social et de quel fonds mal exploré elle tire toujours sa fascination.

*

De la lecture considérée et pratiquée comme une forme de suicide. — Le poète allemand comte August von Platen en savait long là-dessus, qui écrivait dans une lettre à un ami : *Ich habe mein Leben verlesen,* c'est-à-dire : « J'ai passé ma vie entière à lire », ou pour serrer de plus près le raccourci original, qui de toute façon ne peut se rendre sans détours : « J'ai consumé ma vie en lectures, j'ai lu au lieu de vivre et les livres m'ont tué de mon vivant. » Encore qu'il n'aille pas jusqu'à échanger réellement sa vie contre une existence de papier, l'auteur de cette phrase terrible sous sa banalité a évidemment Don Quichotte pour maître, ayant pour les livres la même passion dévoyée et, probablement, les mêmes raisons de s'y abandonner. Car si le liseur donquichottesque confond tragiquement — ou comiquement — le vécu avec l'imprimé, ce n'est pas seulement pour satisfaire un besoin légitime de l'esprit, mais plus profondément pour compenser une faiblesse native de son organisme spirituel, une sorte de défaut d'être qui le laisse à l'écart du monde, dans un espace intermédiaire entre le rêve et le réel. Mal équipé de naissance peut-être pour affronter les responsabilités et les peines d'ici-bas, il cherche dans les livres l'ailleurs absolu où, enfin délivré de la nécessité d'être homme parmi les hommes, il pourra se croire guéri de sa ridicule infirmité. Et cet au-delà dont il attend le salut, il le trouve en effet dans une suite indéfinie de caractères imprimés, puisque grâce à la complicité de la littérature, sa vie n'est plus qu'un long suicide différé. Ainsi le liseur invétéré — le vrai, qui lit à s'en tuer — ne dénonce pas seulement une perversion de l'esprit poussée à sa dernière extrémité, il engage aussi la littérature à s'expliquer sur la duplicité de sa nature, qui lui permet de seconder secrètement la mort en ayant l'air de représenter le vivant.

*

La tyrannie comique de l'imprimé (J. Vallès) : rares sont ceux qui la mettent en cause, si beaucoup en sont écrasés. Actuellement ce serait pourtant la tâche d'une critique vraiment radicale, armée d'une vraie suspicion à l'égard de tout ce qui paraît trop évident, trop transparent, trop connu pour être encore examiné.

*

« Le don pour le style, la forme, l'expression, suppose déjà cette sorte de relation humaine qui se compose d'indifférence et de hauteur ; cela suppose même un certain appauvrissement et un dessèchement de l'humain » (*Tonio Kröger*). — Thomas Mann parlait en connaissance de cause, mais son autocritique montre le chemin à la critique tout court, si tant est que les deux puissent jamais être rigoureusement séparées.

*

E.-M. Cioran : « De l'inconvénient d'être né ». L'honnêteté du « je », en un temps où le moindre écrivain s'arroge le droit de juger au nom de la généralité. Combien le « je » de Cioran est plus vrai et plus respectable que le « il » ou le « on » dont n'importe qui, pour peu qu'il sache mettre deux mots bout à bout, fait le porte-parole bruyant de la conscience universelle. Son « Jamais je ne m'habituerai à vivre » est irréfutable, dommage seulement que la métaphysique le reprenne pour ainsi dire en sous-œuvre, le livre y perd en vérité.

*

Tout homme ayant quelque talent pour les choses de l'esprit enrage nécessairement d'être né. Mais tout homme supérieur sait aussi qu'en s'insurgeant contre la fatalité de la naissance, il s'en prend en réalité au fait d'être issu de parents et par là même irrémédiablement « borné ». L'intolérable n'est pas tellement d'être né que d'être déterminé à tout jamais par l'énorme masse de préexistant, du déjà là, déjà fait, déjà dit et pensé. S'attaquer à cette masse compacte où le biologique et le social encore à peine différenciés se renforcent mutuellement, c'est là la tâche du poète ou du romancier qui, quoiqu'il veuille communiquer consciemment, n'exprime au fond que ce refus violent d'être un chaînon tout fait au bout de la chaîne des générations. Du point de vue de l'écrivain ainsi insurgé, l'œuvre littéraire réussie peut ôter au suicide une bonne part de sa nécessité (ce qui ne veut pas dire qu'elle puisse toujours l'empêcher).

*

Le déclin du langage est apparemment un phénomène chronique de l'histoire, qui suscite les mêmes plaintes à chaque génération. Celui auquel nous assistons maintenant obéit sans doute à la loi générale, il a pourtant ceci d'original qu'il s'accomplit au milieu d'une fantastique surestimation du langage en tant qu'objet de spéculation, de sorte qu'il est accéléré par cela même qui semblerait devoir, sinon l'arrêter tout à fait, du moins le ralentir un peu.

*

Tout jargon suppose une idéologie qui, pour une raison ou pour une autre, craint de se faire voir dans une trop grande clarté. L'assainissement ou l'affranchissement de la pensée passe donc nécessairement par le refus critique du jargon, où qu'il soit écrit et parlé. En ce sens, la *querelle de mots* si mal vue de la morale commune n'est pas du tout l'occupation de gens superficiels et tatillons, mais bien le seul combat qu'il vaille peut-être encore la peine de mener.

*

Nos idées sur le poète, l'artiste, l'écrivain, qui passent à quelque titre pour être inspirés. Une fois reconnus, et pourvus d'une situation posthume bien assise, nous embrassons leur cause sans hésiter dans tous les conflits qui, de leur vivant, les ont opposés aux bourgeois, aux philistins, aux gens de peu placés par le destin à leur proximité. Pour la postérité et parfois même pour les contemporains, les parents, femmes, amis, maîtresses, logeurs et créanciers ont toujours tort en face du génie s'ils lui ont résisté au lieu de se laisser trahir, sacrifier, renier par lui, en considération non pas de ses qualités personnelles, mais de la haute idée que nous nous faisons nous-mêmes de sa mission. Dostoïevski peut parfaitement perdre chaque soir au jeu l'argent qu'il doit à son logeur, quoi de plus normal puisque le jeu fait partie de son image, mais que le logeur, ayant longtemps patienté en vain, se résolve enfin à réclamer son dû devant un tribunal, et tous les biographes du romancier poussent les hauts cris, quand ils ne seraient d'accord sur rien, en cela du moins ils se retrouvent unis. La postérité ne permet pas au malheureux aubergiste allemand d'exciper de son bon droit, de sa bonne foi, de son ignorance des lettres russes et probablement de toute espèce de littérature : elle le condamne par la seule raison qu'il enfreint une loi implicite de notre canon culturel, selon laquelle le client de génie, n'eût-il encore rien qui le signale comme tel, peut revendiquer le privilège d'être logé et nourri gratis.

*

En contradiction avec nos idées dites avancées, nous croyons donc toujours aux favoris des Dieux chantés par les mythologies. Nous croyons même que le commun des mortels, accordant d'instinct à ces individus choisis un titre de supériorité native, éprouve aussi d'instinct le besoin de les vénérer, voire de les exempter de tout service actif dans la lutte pour la vie (peu importe que pareille croyance ne corresponde pas à la réalité : ceux qui n'éprouvent rien de tel n'en sont pas moins des réprouvés). Par une autre contradiction, il est vrai, les bénéficiaires de ce remarquable statut d'exception n'en paraissent pas tellement enchantés, au contraire ils ne se jugent nullement favorisés et se plaindraient plutôt d'être incompris, méconnus, maudits. En tout cas c'est de ce point de vue qu'ils traitent le plus souvent de l'opposition traditionnelle du créateur et de la société, forme extrême du conflit plus général entre l'individu et le monde sur quoi toute grande littérature est fondée. Étrange pourtant que parmi les écrivains les plus portés à méditer sur leur métier, aucun, que je sache, ne se sente personnellement interpellé par le petit peuple des logeurs spoliés, et appelé du même coup à s'interroger, fût-ce à travers une figure de passé, sur cette cause obscure de l'art placée on ne sait comment au-dessus de la nécessité. Les nombreux romanciers qui se peignent dans leurs livres par personnages interposés n'agitent guère le problème (même un Gide, qui pressent pourtant quelque part en lui l'écrivain faux-monnayeur, est encore loin de soupçonner le parasite) ; tout au plus notent-ils à l'occasion, comme Thomas Mann, « l'appauvrissement et le dessèchement de l'humain » liés à leur vocation, sans toutefois se demander en quoi une pareille infirmité peut bien favoriser leur rôle de maîtres et de guides. Quel que soit d'autre part leur besoin de justesse et de justice, jamais ils ne s'étonnent de la faveur spéciale qui leur permet non seulement de ne pas marcher du même pas que le reste des hommes, mais de s'arrêter au beau milieu de la vie pour noircir du papier et de révéler ainsi à la vie, justement, plus de choses qu'elle n'en sait sur ses propres données. Jamais ils ne s'étonnent de vivre en somme aux frais du monde, en échange de services rendus qui, quoique estimés au plus haut prix, n'entrent dans aucune échelle, aucun barème d'utilité connus. Et ce manque d'étonnement fait si bien partie de nos habitudes de pensée que personne n'a seulement l'idée de le noter.

*

Le silence dont la littérature entoure ses privilèges et la nature de sa fascination, Kafka est paradoxalement le seul à le dénoncer ou tout au moins à le forcer à s'avouer. Lui qui fait de la littérature une religion aux commandements impitoyables, exigeant pour finir le sacrifice total de sa vie (« Je ne suis et ne veux être que littérature... » « Tout ce qui n'est pas littérature m'ennuie et je le hais... »), il peuple son œuvre de figures d'artistes qui, à part leur obstination à poursuivre un but apparemment absurde, n'ont de remarquable qu'une faiblesse insigne, une impuissance définitive à vivre et une parfaite inutilité. Sous la diversité des formes dont ils sont susceptibles, ces personnages tout à la fois insignifiants et insolites ont en commun le génie de se torturer eux-mêmes sans bénéfice pour personne, en vue d'un mystérieux accomplissement dont ils ne peuvent pas parler. Refusant de se laisser distraire de leur unique obsession, ils se retranchent du monde et mènent volontairement dans un ciel dérisoire une existence minable figée dans le parasitisme et la puérilité. Tous sont dès le début perdus sans rémission, mais lorsque le châtiment les atteint, on ne sait pas trop si ce qui est puni en eux est le fanatique ou le martyr, le phantaste ou le charlatan. — En vérité la satire dont l'idolâtrie de l'art fait les frais ici surpasse en cruauté tout ce que le même thème a jamais pu inspirer, et si elle était correctement comprise — elle ne l'est pas, d'abord à cause des tabous qui pèsent sur le sujet, ensuite parce qu'à force de chercher ce que Kafka *veut dire,* mais *ne dit pas,* on devient aveugle aux mots qu'il écrit noir sur blanc —, elle devrait suffire à éloigner de l'auteur du *Procès* les idées tapageuses que l'avant-garde lui attribue à chaque génération.

Remarquables surtout par leur incapacité de vivre et leur refus d'assumer les responsabilités communes (faute de pouvoir ou de vouloir gagner son pain, le « Hungerkünstler » fait un art de sa capacité de jeûner indéfiniment, en lui l'art et la mort dont il est porteur se condensent dans une seule image : il est littéralement le « crève-la-faim » auquel le bourgeois réserve son mépris, à ceci près que son œuvre n'est pas un produit distinct de la faim, mais la faim elle-même, la faim devenue corps et sujet), les artistes de Kafka exercent leur activité dans le vide, sans même voir la foule qui se presse à leurs exhibitions, sans même attendre du public critiques ou applaudissements. Mais alors, pourquoi s'imposent-ils ce calvaire dont nulle loi humaine ou divine ne peut leur faire obligation ? Pourquoi choisissent-ils un mode de vie contre nature qui équivaut en somme à un suicide des plus pénibles ? Pourquoi, dans quel espoir de salut, au nom de quel idéal se retirent-ils sur une barre de trapèze volant ou dans une cage de montreur de foire ? Pourquoi ne disent-ils rien sur leur bizarre métier, c'est ce que se demande le Chien savant qui, dans une autre histoire, cherche à rompre précisément sur ce point mystérieux le lourd silence de la communauté.

Bien qu'il n'appartienne pas lui-même à la classe des artistes, mais plutôt à celle des intellectuels raisonneurs, questionneurs, « cyniques », dont Joseph K. et K. l'Arpenteur sont les plus célèbres prototypes, le Chien éprouve à l'égard de l'art un mélange d'attrait et de répulsion, d'effroi et d'admiration, qui lui donne le droit d'en parler sinon en connaissance de cause — la cause justement lui demeure cachée —, du moins en tant que témoin et observateur passionné. La rencontre qu'il a faite dans son enfance de sept chiens musiciens surgis brusquement des ténèbres a été l'événement majeur, la révélation bouleversante dont il est resté marqué toute sa vie ; grâce à ces virtuoses dont la musique émane comme par magie, il a découvert précocement un monde nocturne d'une beauté terrifiante, où des créatures à la fois merveilleuses et obscènes se placent ouvertement au-dessus des lois canines les plus sacrées, sans craindre apparemment la moindre sanction. Le chiot inexpérimenté n'en croit pas ses yeux, à peine remis du choc il court interroger tout un chacun sur le spectacle inouï qu'il croit avoir rêvé : c'est le début de ses investigations sur l'art, qu'il complète bientôt par des recherches actives sur l'origine de la nourriture et le problème de la faim, comme si ces deux ordres de mystères étaient si étroitement liés qu'ils dussent ou bien s'expliquer l'un par l'autre, ou bien se dérober ensemble à la curiosité. Car bien entendu le Chien n'arrive strictement à rien : ses questions ne rencontrent que le silence de ses congénères, un silence d'abord attendri, mi-amusé, mi-gêné, puis chargé d'une réprobation de plus en plus nette à mesure que le Chien devenu adulte se montre plus décidé à le violer.

De quelque façon qu'on les prenne, donc, les chiens refusent de parler, mais en cela ils ne mettent nullement fin aux questions, au contraire ils les exaspèrent puisque, en se taisant, ils excitent la curiosité non seulement des choses qu'ils taisent, mais encore des raisons qu'ils ont de les cacher. Ainsi dans l'histoire des chiens-volants, l'une des plus cruellement comiques que la critique de l'art ait jamais inventées, le héros se trouve en face de deux séries de questions que leur parallélisme rend d'emblée insolubles : « Pourquoi ces chiens planent-ils dans les airs ? » et « Pourquoi ne peut-on leur tirer un seul mot d'explication ? » Comme le monde ignore ou feint d'ignorer les causes objectives du fait, et que le sujet de son côté ne fournit pas ses raisons, la question portant sur le contenu du savoir est protégée contre le savoir par celle qui touche au refus de parler, de sorte que le chercheur forcé de les poser ensemble n'a aucune chance d'avancer et qu'en s'obstinant à faire son métier, il contribue encore à aggraver le silence.

Pour le narrateur du récit que Kafka appelait non sans mélancolie son *Bouvard et Pécuchet* (« J'écris mon *Bouvard et Pécuchet* bien prématurément... »), c'est sans aucun doute sur le chapitre des chiens-volants que le silence de ses semblables se révèle être le plus suspect. Car là le silence se fait bavard, il remplit l'espace de rumeurs, noie les choses dans un brouillard d'affirmations incontrôlables et maintient ainsi la société canine hors de toute parole vraie, au plus bas niveau de la superstition et de la crédulité. La première fois que le Chien savant entend parler de ces êtres improbables, il est persuadé que les gens se moquent de lui et s'indigne d'être pris pour cible d'une aussi vulgaire plaisanterie : « Comment ? Il existerait un chien d'une espèce minuscule, à peine plus gros que mon poing, pas plus gros même à un âge avancé, et ce chien naturellement chétif, selon toute apparence une créature artificielle et inachevée, coiffée avec soin excessif, incapable du moindre saut correct, et ce chien, à en croire les bruits, passerait la majeure partie de son temps à se mouvoir très haut dans les airs, non point du tout pour y faire un travail visible, mais au contraire pour s'y reposer ? Non, vouloir me faire accroire une chose pareille, c'était selon moi par trop abuser de la naïveté d'un jeune chien... » Comme tous les témoignages concordent cependant, le jeune esprit fort se laisse peu à peu convaincre, et après l'épisode des sept chiens musiciens, dont il tire la conclusion qu'aucune absurdité n'est si invraisemblable en ce monde qu'elle ne puisse se réaliser, il accorde même aux chiens-volants une place de choix dans ses investigations.

L'humour de cette histoire apparemment fabuleuse — mais ici la fable animale n'est que l'écran derrière lequel se cache un authentique morceau d'autobiographie — réside entièrement dans une contradiction formelle entre ce nom fantastique de chiens-volants, pour quoi on ne possède aucun équivalent, et la description précise des êtres en question qui fournit largement de quoi les identifier. Car les chiens-volants ne sont mystérieux qu'à cause de leur nom, autrement ils sont dépeints avec une minutie, un souci d'exactitude et de clarté que l'observateur scientifique le plus rigoureux n'aurait pas lieu de désavouer (il en va de même dans toutes les histoires de Kafka, où le prétendu fantastique résulte toujours d'un hiatus entre l'indétermination des mots décisifs et l'extrême détermination des situations racontées : *Le Procès* par exemple n'est une énigme qu'en ce qui concerne le mot « procès » qui, étant employé au sens absolu, a des implications aussi vagues qu'infinies, pour le reste ce qui arrive à Joseph K. n'a rien d'obscur ni d'incohérent, et n'était justement la fascination qu'exerce le mot-rébus, le lecteur en saisirait sans peine les tenants et les aboutissants). En l'occurrence, donc, le symbole pris isolément induit en erreur, parce qu'il incite à déchiffrer plutôt qu'à lire patiemment, il ne remplit sa fonction que si on le laisse se fondre dans la masse des détails, où tout en fait est disposé et enchaîné pour en permettre l'éclaircissement. Ainsi dans le cas des « chiens-volants », on peut s'interroger à l'infini sur les implications du mot (surtout naturellement dans le texte original, où « Lufthunde » concentre en un seul composé une foule d'idées également recevables, dont aucune toutefois ne peut revendiquer de validité exclusive pour l'interprétation), mais on ne peut pas douter du genre d'activité qu'ils exercent parmi ou plus exactement très au-dessus de leurs semblables (c'est là la logique du monde à l'envers où se déroulent toujours les histoires de Kafka : on y passe sous silence tout ce qui passe sous le langage dans le monde dit à l'endroit). Le Chien en effet désigne nommément leur métier et, non moins clairement, la place qui leur revient par là dans ses propres préoccupations : « Ici comme presque partout, ce n'est pas tellement l'art qui me donne à penser. Il est merveilleux — qui le nierait ? — que ces chiens soient en état de voler dans les airs, je suis d'accord avec les chiens pour m'en étonner. Mais bien plus surprenante est à mon sens l'absurdité, la muette absurdité de pareilles existences. En général on ne trouve à cela aucune explication, ils planent dans les airs et on en reste là, la vie poursuit son cours, çà et là on parle d'art et d'artistes, c'est tout. Mais pourquoi, brave gent canine, pourquoi au nom du ciel ces chiens planent-ils ? Quel est donc le sens de leur profession ? Pourquoi ne peut-on leur tirer un seul mot d'explication ? Pourquoi planent-ils là-haut, laissant s'atrophier ces pattes qui sont l'orgueil de notre race, séparés de la terre nourricière, sans semer ni récolter et encore, dit-on, grassement nourris pour cela aux frais de la société canine ?... » A partir de ce passage où le Chien rassemble ses questions — il est très fier de les avoir au moins agitées, dussent-elles ne recevoir jamais de réponses —, la satire se développe normalement, « cyniquement » (autrement dit avec l'impudeur propre au chien, selon le sens étymologique commun au mot allemand et à sa traduction), autour du thème « art et artistes » qui en forme indéniablement le fond.

En tant que représentants non point de l'art en général, mais de l'art planant au-dessus des contingences, étranger au peuple qui le nourrit, imbu d'une supériorité sur laquelle de surcroît il ne s'explique jamais, les chiens-volants sont des créatures « artificielles et inachevées », de petits monstres d'égoïsme et de vanité (ils sont « coiffés avec un soin excessif »). En plus d'un corps chétif qui leur interdit tout effort et les condamne au parasitisme — selon toute apparence ils ne peuvent même pas se reproduire —, ils ont encore en partage un esprit diminué, débilité par l'existence stérile qu'ils mènent dans l'abstraction totale de leur ciel. D'après le Chien, qui les considère par force d'en bas, et de loin, il n'y a rien en eux qui justifie leur prestige et leurs privilèges de fait, du reste malgré leur art du mensonge ils ne sont pas sans le savoir, on peut même leur supposer un vague sentiment de culpabilité qui, étant vague, justement, ne fait qu'aggraver leur frivolité : « Ils doivent en effet s'arranger — non pas ouvertement, ce serait violer la loi du silence —, mais d'une manière ou d'une autre, pour se faire pardonner leur genre de vie ou à tout le moins tâcher d'en détourner l'attention et de le faire oublier, — c'est ce qu'ils font, paraît-il, grâce à un insupportable verbiage. Ils ont sans cesse quelque chose à raconter, faisant part tantôt des méditations philosophiques auxquelles, ayant renoncé à tout effort physique, ils peuvent constamment se consacrer ; tantôt des observations qu'ils font du haut de leur poste surélevé. Et bien qu'ils ne se distinguent nullement par une vigueur d'esprit particulière — ce qui va de soi avec une vie aussi dissolue — ; bien que leur philosophie soit aussi dénuée de valeur que leurs observations, et que la science, qui d'ailleurs n'a que faire d'expédients aussi pitoyables, ne puisse pas les utiliser, chaque fois que vous demanderez à quoi tendent en fait les chiens-volants, on ne vous en répondra pas moins qu'ils contribuent aux progrès de la science... » Le tableau est complet : les chiens-volants ne sont pas seulement privés d'un corps digne de ce nom, ils sont de surcroît inintelligents, bornés par une vie totalement déracinée, médiocres, donc, dans le domaine même où ils affichent le plus de prétentions. Bien que leurs éternelles jacasseries puissent donner le change sur leur faiblesse d'esprit, leurs réflexions philosophiques ne valent pas mieux que leurs observations, les unes et les autres portent la marque du dilettantisme qui est la loi de leur « poste surélevé », ce ne sont que des bavardages sans conséquences, littéralement des propos en l'air dont ni la science, ni la philosophie ne peuvent tirer le moindre profit. Ainsi dans le néant où ils sont confinés par leur incurable suffisance, les chiens-volants sont parasites de tous côtés : de même que sous prétexte d'art ils se font nourrir par l'ensemble des travailleurs, de même ils ne produisent rien qui vaille dans l'ordre intellectuel, mais vivent sans vergogne aux frais de la science et de la pensée.

Le parasitisme et la profonde nullité de ces êtres dégénérés seraient encore relativement supportables si le poste surélevé d'où ils dominent le monde pouvait passer pour un lieu inspiré. Malheureusement il n'en est rien, les chiens-volants se taisent précisément parce que, n'étant les envoyés de personne malgré leurs airs angéliques, ils ne peuvent pas motiver leur bizarre mode de vie par de quelconques messages d'en haut. Là-dessus en effet le narrateur est tout à fait formel : il n'y a rien au-dessus et en dehors des chiens, c'est peine perdue que d'interroger le ciel, il reste vide et muet, aussi muet que les anges de pacotille qui prolifèrent dans ses nuages ou que la terre nourricière à qui le savant narrateur tente d'arracher ses secrets. Dès lors « à qui d'autre en appeler dans le grand vide de ce monde ? La science tout entière, la totalité des questions et des réponses est contenue dans les chiens... ». Mais s'il n'y a pas de transcendance qui donne un sens au désir de planer, et si les chiens-volants eux-mêmes n'ont rien à dire sur ce qui les pousse à vivre en l'air, leur art suspendu entre ciel et terre n'est que pose et imposture.

On objectera peut-être que si la satire est d'une

parfaite lisibilité, on peut néanmoins se tromper du tout au tout sur son véritable objet. Qu'est-ce qui prouve que l'objet visé est bien l'art dérisoire des chiens-volants, et non pas par exemple l'étroitesse d'esprit de leur censeur ? Dans cette affaire après tout, le Chien ne fait pas non plus trop bonne figure, il est pédant, tatillon, exagérément confiant dans les ressources de son intellect, et représenterait assez bien le savant muré dans son rationalisme ou le philistin fermé par nature à toute espèce de rêve et de beauté. Dans ce cas les chiens-volants ne signifieraient nullement la misère de l'art inutile et impuissant, ils feraient seulement ressortir l'infirmité spirituelle du positivisme borné, attaché à un monde désolant d'où toute transcendance est chassée, et le sens de la satire serait entièrement retourné (telle était en effet naguère la leçon de la théologie dite « négative » : dans les *Recherches d'un Chien,* ce que Kafka voulait exprimer n'était pas du tout son propre scepticisme, mais, à travers un monde canin privé de la présence de l'homme, la désolation et le vide du monde humain privé de Dieu). Appliqué à une forme de récit dans laquelle les éléments significatifs ne sont pas cotés selon les normes ordinaires de notre hiérarchie, mais en fonction d'un système de valeurs complètement inversé, l'argument n'est pas si faible qu'on puisse aisément le réfuter. Où, à quel niveau de conscience et de vérité Kafka place-t-il respectivement les diverses figures de son histoire de chien ? En provoquant une formidable collision de sens entre l'image du chercheur si fortement idéalisée par la culture, et celle de l'animal qui, dans toutes les langues, est le symbole de la bassesse ou de la servilité, Kafka veut-il montrer le chien dans le savant, ou, dans le chien, une connaissance plus mystérieuse et plus profonde que celle dont nos concepts nous permettent de parler ? Veut-il donner une illustration du « qui fait l'ange fait la bête » ou, au contraire, réhabiliter la bête comme cela même dont l'esprit a le plus besoin pour étendre et assurer ses conquêtes ? Et puis, de quels chiens se moque-t-il dans cette société canine qui, d'après lui, produit tant de spécimens originaux et de fortes individualités ? Est-il aux côtés de l'animal passionné de savoir, torturé de doutes et de questions, mais incorruptible sur le chapitre de la vérité, qui passe nécessairement pour son porte-parole dans le récit, ou bien défend-il malgré tout son art de chien-volant, un art atrophié, improductif, décadent, contre les critiques du juge incorruptible qu'est sa propre raison ? C'est impossible d'en décider à partir du seul mot de « chien » qui, dans le récit, fait pourtant fonction de mot clef. Et si Kafka n'avait traité de l'art que là, il faudrait renoncer à savoir si son héros exprime véritablement ses idées, ou s'il ne fait paraître le vrai que par *l'a contrario* de l'ironie, en prêchant le faux. Mais ce n'est pas le cas, en fait il n'écrit rien d'important qui ne soit une variation sur ce problème obsédant, et comme toutes ses figures d'artistes subissent à peu près le même sort, on ne peut guère douter du pessimisme qui les lui a inspirées.

Un peu partout, donc, et surtout dans ses tout derniers récits, Kafka décrit l'art sacralisé, divinisé par ses propres soins et condamné à se dévorer lui-même, comme la cause et l'effet d'une atroce maladie. Quand la répartition des accents satiriques dans l'histoire du Chien prêterait encore à discussion, les nouvelles plus tardives du *Champion de jeûne* et de *Joséphine la Cantatrice,* achevées celles-là, l'éclairent d'un jour si cru qu'il n'y a plus lieu de prolonger le débat. Entre les *Recherches d'un Chien* (1915) et les deux dernières histoires d'artistes (1924) sur quoi Kafka clôt son œuvre, la satire évolue dans le sens d'un pessimisme de plus en plus cruel, et à la fin, retournée brutalement contre son auteur, elle se résout elle-même en un unique constat de faillite et de mort.

Le virtuose du jeûne qu'est littéralement le « Hungerkünstler » évite pourtant le péché de parasitisme dont les chiens-volants se sentent vaguement coupables : son art l'en préserve puisque, contenu exactement dans la pratique de l'inanition, il le dispense tout à la fois de gagner son pain et de vivre aux frais de ses semblables (la dialectique du récit découle entièrement de la composition du mot « Hungerkünstler », où une extrême concentration d'idées suggère que la faim est un art, l'art, une faim insatiable et une maladie, l'artiste, un crève-la-faim, donc tout le contraire d'un parasite bien nourri. Les deux vocables juxtaposés dans le composé impliquent encore que l'artiste ici fait de la faim le moyen, le but et la substance de son œuvre, de sorte qu'au lieu de crever de faim pour faire vivre une œuvre dégagée de la nécessité, il ne produit et ne publie que le martyre de son propre corps, ce qui rend d'emblée fatale l'absurdité du dénouement). Mais si en ne créant que de la faim, le « Hungerkünstler » peut se targer de n'être à la charge de personne, les autres ne doivent rien non plus à son art, lequel n'est certes pas fait pour dispenser lumière et beauté ; bien qu'il puisse exciter quelque temps la curiosité d'un public avide de sensations, il n'a à offrir qu'un spectacle rebutant, macabre, malsain qui, en l'absence de toute référence à une nécessité pratique, à une obligation morale ou à un rite religieux, est pour les assistants parfaitement inintelligible (en jeûnant à mort, il fait du jeûne un art totalement désintéressé, le seul à tout prendre qui le soit absolument ; mais comme il finit tout de même par mourir, il ôte tout sens à son endurance, à la différence du jeûneur professionnel, qui, lui, jeûne raisonnablement, pour gagner au moins de quoi manger). Ainsi l'artiste de la faim ne procure à personne ni plaisir ni gain ; se consommant lui-même, vivant ou plutôt mourant de lui-même, il n'a strictement rien à communiquer, sinon la suffisance et l'orgueil inhumains qui lui commandent sa ridicule ascèse. Ermite sans foi, ascète sans loi, martyr sans cause à faire triompher, même la perfection à quoi il tend désespérément est une preuve de plus contre lui : détaché de tout objet digne d'effort, et condamné par là à la stérilité, son désir de perfection absolue ne fait qu'accélérer sa chute dans le néant.

L'art du Jeûneur n'étant rien d'autre que le supplice de son corps, il ne dure qu'autant que ce corps a la force de se torturer, après quoi il s'éteint totalement, les spectateurs gardent à peine le souvenir de son exhibition et se réjouissent de voir sa cage enfin nettoyée occupée par une panthère « bondissante de vie ». L'avènement de l'animal repu, luisant de santé, irréfutable dans sa beauté et sa vérité brutes, que le public accueille avec des cris d'allégresse, marque la fin d'une ère historique déjà sur son déclin, dans laquelle la folie de l'art tente de jouer le rôle tenu jadis par la folie de la foi ; mais pour Kafka, que cette folie a irrémédiablement perdu, il n'y a pas lieu de le déplorer puisque l'art famélique auquel il a tout sacrifié n'était en fin de compte qu'une forme mortelle de l'illusion. Que la religion de l'art dont il vivait exclusivement, et si mal, soit destinée sous peu à le suivre dans l'oubli, le monde, auquel le Jeûneur n'avait de toute façon rien à dire, en prendra fort bien son parti : il enregistrera le fait avec la sagesse de son indifférence ordinaire, et l'affaire ne fera pas grand bruit. Si cruelle soit-elle pour l'illusionné, en effet, la mort de l'illusion ne peut pas être une tragédie, elle a au contraire quelque chose de consolant, c'est pourquoi le Jeûneur disparaît de son propre mouvement, en douceur, et même « joyeusement » comme dit Kafka dans celle de ses histoires d'artistes sur quoi s'achèvent ensemble son œuvre et sa vie.

En tant que cantatrice *nationale* du peuple des souris, Joséphine fait évidemment meilleure figure que les chiens-volants et que le jeûneur muré dans la folie de sa cage. Elle a sur ces représentants d'un art extravagant, absurde à force de solitude et d'irréalité, l'énorme avantage d'être bien insérée dans une communauté définie, et même d'y occuper une certaine position. Quoi qu'il en soit de la qualité de sa voix et de l'importance sociale de ses récitals — là-dessus justement les avis sont partagés —, Joséphine ne chante pas pour son propre plaisir ou pour satisfaire aux exigences d'on ne sait quel idéal, elle le fait *pour* un public, ce qui la distingue radicalement des créateurs désincarnés, déracinés, peinant ou végétant sans rime ni raison, en qui Kafka saisit la malédiction du génie solipsiste en proie au vertige de sa propre contemplation. N'ayant de goût ni pour les ruminations du Chien, ni pour l'ascèse mortelle du Jeûneur ; indifférente aux motifs intérieurs de sa vocation et même à la valeur intrinsèque de son chant, Joséphine ne vit que pour obtenir de ses semblables une consécration et une adulation absolues (c'est là d'ailleurs le seul absolu qu'elle soit en état de rechercher). Par là elle lance la satire sur le terrain concret que les deux autres récits, vu leur sujet, doivent nécessairement éviter : celui du conflit toujours latent entre l'artiste et la collectivité, dont le romantisme de tous les temps fait son cliché de prédilection.

Le peuple des souris n'a jamais prié Joséphine de chanter ; si elle le fait, c'est de sa propre initiative, à ses heures et à son gré, les autres se contentent d'en prendre note, sans se soucier d'infirmer ou de confirmer le titre qu'elle s'est elle-même décerné. Kafka transpose ici sur le mode comique le problème grave autour duquel, dans *Le Château,* son Arpenteur ne cesse de tourner (pour son malheur — eût-il pu s'en désintéresser qu'il se fût sans doute épargné bien des avanies). K. s'étant présenté au village en qualité d'arpenteur régulièrement nommé par les autorités comtales, le Château lui fait savoir qu'il n'est pas au courant de cette nomination, puis, comme K. remue ciel et terre pour faire valoir ses droits et que rien ne peut le détourner de son idée, le Château semble se raviser, et après avoir mis deux « aides » à son service exclusif, le Xe bureau l'informe *officieusement* qu'on est content de lui en haut lieu et qu'on l'engage à continuer (à quoi faire, cela n'est pas dit, puisque K. n'a pas commencé à travailler et ne commencera du reste jamais). Étant donné le malentendu fondamental sur quoi repose l'interprétation symbolique du roman, on croit pouvoir tenir l'inexplicable revirement du Château non certes pour un vulgaire mensonge, mais pour une tromperie tactique destinée à éclairer K., c'est-à-dire l'individu fourvoyé dans ses étroites voies terrestres, sur l'erreur qu'il commet en appliquant les mesures de son jugement à l'impénétrable plan divin. Qu'on puisse porter une pareille platitude théologique au compte de Kafka laisse évidemment confondu, d'autant que le texte ne dit pas un mot qui accrédite si peu que ce soit la thèse du mensonge, tactique ou non, il montre au contraire clairement que, les deux fois, le Château parle et agit selon la stricte vérité. La première fois, apprenant que K. se donne le titre d'arpenteur, il l'avertit honnêtement que les autorités n'ont pas connaissance de sa nomination (Kafka dit : *Berufung,* qui signifie aussi *vocation*), c'est tout, pour le reste il ne lui prescrit rien et le laisse libre de sa décision. Toutefois lorsqu'il constate qu'au lieu de tenir compte de l'avertissement, K. s'obstine à réaliser son projet et prouve par une ténacité sans exemple un désir profond d'exercer son métier, le Château enregistre automatiquement le fait dans un message officieux, par lequel il reconnaît non pas assurément la vocation de K., mais ses efforts infatigables pour l'imposer aux autres comme une réalité. Si K. se désigne lui-même comme arpenteur qualifié et si, quoique dûment averti que le village n'a pas besoin de son travail, il veut à tout prix suivre sa vocation, quitte à se placer par là dans une situation absurde, voire complètement désespérée, très bien, cette belle persévérance mérite d'être considérée, et l'opinion publique la considère en effet, sans pouvoir se prononcer sur sa valeur absolue et encore moins l'empêcher de s'exercer. Car l'organisme collectif dont le Château représente tout à la fois les forces conscientes et les mouvements inconscients, la raison pratique et les désirs irraisonnés, n'a aucune compétence pour trancher si l'appel que K. prétend avoir reçu est vrai, ou s'il n'existe que dans son imagination. Passif par nature, il ne peut pas plus le détourner activement de son but que lui confirmer le bien-fondé de sa détermination ; croire le contraire, et tenter d'extorquer au monde l'officialisation d'une décision tout intérieure, qui relève exclusivement du domaine privé, c'est, selon les paroles des notables du village, agir en enfant ou en insensé. Mais K. là-dessus est incorrigible (il s'entête encore à voir dans Barnabé un messager « officiel », au lieu de comprendre que le jeune homme auquel il confie ses « écrits » n'est que le reflet de sa propre vocation éternellement non confirmée), jamais il ne s'accommodera de l'arbitraire, qui est pourtant la seule règle en matière d'art et d'inspiration, c'est pourquoi, épuisé par des efforts aussi surhumains que dépourvus d'objet, il meurt avant d'avoir eu le temps de se mettre au travail, et sans même savoir ce dont il aurait été capable s'il n'avait voulu le faire avec la bénédiction de l'humanité.

A cet égard Joséphine paraît assurément beaucoup plus raisonnable. Non seulement l'absolu ne la tente pas, mais elle n'est pas le moins du monde gênée par l'honnêteté foncière de K., qui, lui, refuse de tromper le monde en lui présentant comme une vocation confirmée, c'est-à-dire comme une vérité générale, quelque chose qui n'est peut-être que désir et illusion de créer (il est vrai qu'il trompe tout de même en fin de compte, puisqu'il exige de la société le justificatif de son œuvre qu'il n'ose pas lui-même s'accorder). Joséphine se soucie fort peu d'avoir ou non un mandat, elle chante par l'unique raison qu'elle a envie d'être considérée comme chanteuse, et cela suffit en fait, sinon en droit, pour que le peuple admette sa fonction, quelque réserve qu'il fasse d'autre part sur la réalité de ses dons.

En somme elle applique correctement la leçon du Château que Frieda tente en vain d'expliquer à K. : les « Messieurs » n'interviennent pas dans les décisions de l'individu, les gens d'« ici » le savent très bien, contrairement à l'Arpenteur, qui se fait à ce sujet les idées fausses de l'étranger, ainsi ils n'espèrent pas tenir leurs femmes des mains des autorités, mais se marient quand ils ont envie de se marier. Étant incontestablement d'« ici », et non pas de l'ailleurs impossible d'où viennent les chiens-volants et les jeûneurs, Joséphine s'adonne à son art sans songer à solliciter des « Messieurs » une garantie d'authenticité, et les « Messieurs » la laissent tout simplement chanter, en vertu de la loi qui les oblige à enregistrer automatiquement toute espèce de vocation ayant déjà valeur de fait. Cette loi, que K. a le grand tort d'ignorer, est en vigueur chez les souris comme dans n'importe quelle communauté, aussi le peuple ne peut-il que s'incliner devant le décret par quoi Joséphine se voue elle-même à l'art du chant ; toutefois là s'arrêtent ses obligations, personne ne peut exiger de lui qu'il change cette neutralité en reconnaissance de droit, ou pis encore, qu'il accorde à l'artiste tout ce qu'elle réclame pour se sentir vraiment consacrée. De là le conflit qui mine sourdement les relations de la cantatrice et de son public et la dure alternative — ce sera comme il est dit dans le titre « Joséphine la Cantatrice ou le peuple des souris » — que le peuple souverain tranchera finalement sans pitié.

Car Joséphine bien entendu ne se contente pas de la sorte de neutralité bienveillante que le peuple lui accorde sagement, elle veut plus, elle veut tout, elle exige une adulation de chaque instant, une compréhension totale des nuances les plus subtiles de son art, la reconnaissance d'un public extasié — toutes choses pour lesquelles elle affiche d'autre part le plus profond mépris, venant de gens n'ayant aucun sens de l'art et aucune idée de son génie. Or le peuple aime bien Joséphine et fait ce qu'il peut pour lui plaire ; il se presse à ses concerts, cède gentiment à ses caprices et entre en partie dans son jeu, mais tout au fond il n'est pas dupe de sa comédie et s'il évite de la contrarier, il est bien décidé à ne pas se laisser subjuguer. A vrai dire nombreux sont ceux parmi les auditeurs de la vedette qui jugent son art problématique (le chroniqueur de son histoire se range dans leur camp) et se posent la question entre eux : est-ce même de l'art, est-ce même du chant ? « N'est-ce pas plutôt un simple sifflement ? Nous savons bien ce que c'est que siffler, c'est le talent particulier de notre peuple, disons mieux, ce n'est pas un talent, mais une caractéristique de la race. Nous sifflons tous, sans que personne songe évidemment à donner cela pour un art, sans y songer, sans nous en apercevoir... Se peut-il que Joséphine ne chante pas, mais qu'elle siffle tout simplement ? Et que peut-être même (c'est du moins mon impression), elle ne siffle pas autrement que n'importe quel siffleur ? (pour tout dire j'incline à croire qu'elle n'est pas de taille à siffler couramment, alors que le moindre terrassier le fait toute la journée sans effort, en continuant de travailler). Dans ce cas, l'art de Joséphine n'existe pas, mais alors il n'en est que plus difficile d'expliquer l'énigme de son grand effet... » Ainsi l'art le mieux enraciné dans la communauté — le plus sain et le plus utile dans la perspective de Kafka — n'a guère plus à offrir qu'une imitation de l'art populaire, et il n'agit si puissamment sur les esprits que parce qu'il s'entoure de tout un théâtre que le vulgaire terrassier siffleur, à supposer qu'il en connaisse les avantages, ne serait certes pas en état d'agencer. L'efficacité de l'art ne réside pas en lui-même, elle tient pour l'essentiel à l'appareil imposant dont s'accompagnent ses manifestations, autrement dit au sacré culot de l'artiste, qui ose convoquer bruyamment le public pour lui montrer une quelconque bagatelle, un geste quotidien, un rien que n'importe qui fait aussi bien n'importe où, à chaque instant. « Même s'il ne s'agissait là que d'un banal sifflement, l'affaire présenterait déjà cette particularité qu'elle nous montrerait quelqu'un se campant solennellement pour ne rien faire que d'ordinaire. Casser des noix n'est vraiment pas un art, aussi personne n'osera-t-il convoquer un public pour le distraire en cassant des noix. S'il le fait cependant et que son intention se voie couronnée de succès, c'est qu'il s'agit au fond d'autre chose que d'un simple cassement de noix. Ou bien s'il ne s'agit que d'un simple cassement de noix, c'est que nous n'avions jamais pensé à cet art parce que nous le possédions à fond et que le nouveau casseur de noix nous en a révélé la véritable essence, auquel cas il peut même être nécessaire qu'il soit un peu moins adroit que nous... » Toute l'énigme de l'art se ramène donc à un *Kunststück* (« K. était un grand prestidigitateur... », dit Kafka dans un texte à peine ébauché), un tour de passe-passe, un truquage si simple qu'on ne songe même pas à le démasquer : l'art ne naît pas d'une inspiration supérieure, mais bien de l'illusion puissante que l'artiste produit rien qu'en publiant son intention d'en créer. Pour qu'on rassemble tant de gens autour du rien que j'ai sous les yeux, il faut que ce rien cache quelque chose d'extraordinaire, ou que, tout rien qu'il est, il soit chargé de significations absolument insoupçonnées, sinon pourquoi tout ce monde, et pourtant tant de solennité ? La merveille de l'art, le *Kunststück,* n'est pas comme il le suggère dans ses exhibitions le résultat d'une mystérieuse opération de l'esprit, elle procède avant tout de l'audace insensée d'un individu qui, pour manier un vulgaire casse-noix, réclame et obtient la ferveur de foules subjuguées.

Quoi qu'il en soit de ses dispositions, qu'il se distingue par la frivolité bavarde des chiens-volants ou par le sérieux littéralement mortel du Jeûneur, l'artiste de Kafka trouve toujours sa cause et sa fin en lui-même, il s'engendre par un acte purement arbitraire qui témoigne tout autant de sa suffisance — il se suffit et suffit à tout — que de son impuissance radicale en face des tâches de la vie. Sacré et consacré par ses propres soins, il sort des rangs en se fondant uniquement sur son sentiment intime de ses dons, un sentiment qu'il a le don de communiquer en effet, non pas certes comme une simple croyance, mais comme une vérité objective à quoi tout le monde doit se rallier. Grâce à ce pouvoir de suggestion qui lui assure une place hors de pair, avec la reconnaissance et le consentement de tous, il peut sans grande peine faire oublier ses tares congénitales, ou si elles restent malgré tout trop voyantes, les exalter en les présentant comme le signe même de sa prédestination.

Ayant développé la suffisance de son esprit en même temps qu'il laissait dépérir son corps, l'artiste doit sans cesse chercher à compenser ce que ses forces débiles ne lui permettent pas de se procurer, de sorte que sa spiritualité viciée aggrave les tares de sa constitution, lesquelles de leur côté portent à l'extrême son besoin de dominer. Défavorisé par un physique ingrat et moralement infantile, quand ce n'est pas franchement puéril, il joue savamment de son incapacité pour se faire dispenser de tout effort productif, mais cette dispense qu'il veut totale n'a pas seulement une valeur pratique appréciable, elle sert aussi à justifier implicitement ses revendications les plus outrées (je n'exige autant de vous, je n'exige tout que parce que mon œuvre vous apporte le salut, ainsi mes exigences mêmes sont la preuve de mes droits). C'est là l'origine de la petite guerre que Joséphine finit par provoquer, délibérément dirait-on, entre elle et le peuple si patient qu'elle s'ingénie à tracasser : le peuple est toujours prêt à protéger sa vedette nationale, qu'il sait infiniment fragile sous ses airs inspirés ; mais quant à subir ses volontés, cela non, jamais il n'y consentira, aussi Joséphine devra-t-elle se soumettre aux lois de la communauté, ou bien, si elle s'y refuse, disparaître à jamais de la scène avec son art et ses problèmes.

Pour mieux convaincre ses semblables du bien-fondé de ses réclamations, Joséphine fait volontiers valoir que son rôle ne se borne nullement à amuser le public, mais qu'en rassemblant et en fortifiant les souris aux heures sombres de leur histoire, elle leur donne la force de lutter et devient par là même l'artisan de leur salut. La faible créature qui doit parfois renoncer à chanter tant le moindre effort l'épuise (à ce qu'elle dit, du moins, quand elle veut se faire prier) prend librement sur elle la tâche grandiose du sauveur, elle est le Messie en qui le peuple puise de nouvelles forces au moment des plus graves périls, comment dès lors serait-on assez ingrat pour lui refuser le statut privilégié dont elle a besoin pour créer ? Adressé à un peuple perpétuellement traqué, menacé de tous côtés par d'implacables ennemis, l'argument ne manque certes pas de poids, le chroniqueur de Joséphine le reconnaît, il admet même que sur ce point les prétentions de la chanteuse ne sont pas absolument immotivées : « Sans doute ne nous sauve-t-elle pas et ne nous donne-t-elle pas de force ; il est trop facile de se poser en sauveur de ce peuple (...) qui s'est toujours plus ou moins sauvé lui-même, fût-ce au prix de sacrifices devant lesquels les historiens (...) restent pétrifiés d'épouvante ; il semble en ces instants que nous vidions d'un trait — oui, il faut se presser, Joséphine l'oublie trop souvent — une dernière coupe de paix avant le combat. Il s'agit moins alors d'un concert que d'une réunion publique, et d'une réunion où le silence est total, à un petit sifflement près... » Joséphine naturellement ne se satisfait pas d'une pareille interprétation, qui de fait est plus propre à rabaisser qu'à exalter les vertus de son chant. Elle veut être pour son peuple une source de force héroïque, et non pas, comme le suggère le chroniqueur malveillant, celle qui lui donne avant le combat le répit d'une douce somnolence. Elle a raison, dit-on dans le clan de ses partisans, comment autrement expliquerait-on que l'on coure à ses concerts juste aux moments les plus critiques, ce « qui nous a même maintes fois empêchés de repousser le danger à temps » ? C'est bien la preuve qu'elle a tort, répondent ses détracteurs, car en provoquant de grands rassemblements, Joséphine est peut-être elle-même la cause immédiate du danger, elle nous désarme et donne à l'ennemi une bonne occasion de nous attaquer par surprise, après quoi elle, « qui est cause de tout et qui a peut-être attiré l'adversaire par son sifflement, est la première à fuir sans tambour ni trompette, sous la protection de ses gardes du corps... ». Le débat ainsi engagé resterait à jamais en suspens si le peuple, qui n'entre pas dans ces subtilités, ne le tranchait un beau jour tranquillement, en dernier ressort.

C'est Joséphine elle-même qui précipite le dénouement en passant les bornes de sa propre outrecuidance : non contente d'exiger un traitement de faveur, elle veut pour finir se faire exempter de toute espèce de travail, « il faudrait lui ôter le souci du pain quotidien et des charges qu'entraîne notre lutte pour l'existence, ce qui reviendrait à les faire supporter par le peuple tout entier... ». Là encore, donc, elle applique la tactique de l'affirmation présomptueuse par quoi les fervents et croyants de l'art se laissent toujours influencer. Exiger de vivre en parasite non seulement toléré, mais garanti en quelque sorte par la légalité, qui l'oserait s'il n'avait la certitude de pouvoir payer les sacrifices matériels de la communauté en inestimables valeurs spirituelles ? Plus l'artiste se montre *présomptueux*, et plus il laisse *présumer* qu'il en a le droit, étant le créateur et le dispensateur de richesses fabuleuses, incommensurables avec les biens terrestres et par là même littéralement sans prix. Cette présomption à quoi le romantisme de l'inspiration confère la force d'une vérité, Joséphine sait bien qu'il est facile de l'exploiter à fond, mais si certains tombent dans le piège avec ravissement — ce sont les esthètes ou, comme dit le chroniqueur, les « esprits prompts à l'enthousiasme » —, le peuple dans sa sagesse demeure inébranlable : ne se connaissant pas de sauveur dont il soit l'obligé, il donne ce qu'il a décidé de donner, rien de plus, et nul individu, fût-il taillé sur un modèle hors série, ne peut affaiblir sa détermination.

Joséphine a beau crier, se plaindre, menacer de raccourcir ses trilles et même se faire porter malade, le peuple des souris reste sourd à ses récriminations : malade ou non, inapte ou non à l'effort physique, Joséphine doit travailler, elle doit peiner pour gagner sa vie, là-dessus la loi est formelle et ne prévoit aucune exception. Mais Joséphine non plus ne peut pas, ne veut pas céder, car se soumettre au verdict populaire, ce serait reconnaître que sa présomption ne repose sur rien que sur sa propre vanité et du même coup s'anéantir, puisqu'elle n'existe comme artiste que par cette présomption partagée ; il ne lui reste donc qu'à se retirer de la vie publique, ce qui est encore une façon de retourner au néant : « Elle se cache et ne chante pas, mais le peuple, qui reste calme et ne marque pas sa déception, ce peuple, maître souverain qui ne peut jamais que donner et non recevoir, même de la cantatrice Joséphine quoi qu'en disent les apparences, ce peuple passe son chemin... »

Joséphine perd la partie parce qu'elle a le front de justifier sa lâcheté de parasite par le rôle messianique dont l'Histoire elle-même l'aurait directement chargée. Victime de ses propres calculs, elle croit pouvoir lutter seule contre tous, mais en réalité elle ne sait que harceler, défier, piquer les siens, et cette guérilla qu'elle mène pour son seul profit ne fait qu'accélérer sa fin : « Joséphine ne pourra que décliner. Le temps viendra bientôt où son dernier accent s'éteindra. Elle n'est qu'un petit épisode dans l'histoire éternelle de notre peuple et notre peuple surmontera sa perte... » Une triste fin de carrière, assurément, mais, jusque dans le châtiment, Joséphine reste mieux partagée que les solitaires fanatiques auxquels Kafka réserve les rigueurs extrêmes de son propre destin, le seul fait qu'elle ait vécu parmi ses semblables, et que malgré tout elle ait vraiment chanté pour eux, la met à l'abri de la mort atroce du Jeûneur, qui lui n'ayant ni peuple derrière lui, ni sol sous les pieds, ni Histoire « où aller se perdre joyeusement », ne laisse aux hommes que le souvenir repoussant d'un orgueil stupide et d'un corps à demi pourri. Sans doute Joséphine mourra elle aussi, et elle aussi sans avoir mis le monde sens dessus dessous, mais somme toute sa fin ne manque pas de douceur, car le peuple ignore le ressentiment et lorsque le moment sera venu de la délivrer de son existence inutilement agitée, il saura la ramener à lui et lui fera pour toujours une place dans son sein. Alors Joséphine « ira se perdre joyeusement dans la foule innombrable de ses héros » et là, réunie enfin à ses frères, elle pourra comme eux sombrer lentement dans l'éternel oubli.

Vu à travers le miroir noir que Kafka tend à la littérature de son temps — il a le droit de s'en servir, c'est le sien où il n'a cessé de se regarder et de se juger —, l'artiste apparaît comme un être de cauchemar conçu exprès, et semble-t-il non sans malignité, pour repousser tout ce que le mot « art » promet en fait de lumière et de beauté. L'image transmise par ce miroir volontairement déformant ne relève pourtant pas de la caricature ; quoique grotesque et monstrueusement outrée, elle est réaliste en ceci qu'elle reproduit exactement tout le *négatif* que nos poncifs culturels s'appliquent à gommer (en général, dit Kafka, « il nous reste à faire le négatif, le positif nous est déjà donné »). Chaque personnage devient ainsi le révélateur puissant de cette part de réalité dont nos discours sur l'art empêchent justement de parler ; mais il assume encore une autre fonction, car tout en démontant l'optimisme obligé du langage officiel, il fournit à l'auteur lui-même le moyen d'essayer de nouvelles solutions, et de laisser l'expérience de la création se dérouler jusqu'au bout selon les seules lois de sa logique. K. l'Arpenteur, le Trapéziste, Joséphine, le Jeûneur, pour ne citer que les plus instructifs, ne sont rien d'autre en un sens que les divers aspects d'une vocation lourde de conflits : chacun d'eux représente la chance d'un recommencement dans des conditions plus probantes et par là même l'espoir d'une véritable issue. Ici en somme l'artiste réel demande à l'artiste fictif de l'aider à comprendre ce qu'il en est en dernier ressort de sa foi en la littérature, si elle vaut le prix qu'elle lui fait payer, ou si elle n'est que l'illusion morbide d'un esprit égaré. On sait comment l'affaire est finalement tranchée : l'artiste fictif répond, non en paroles assurément — il est muet par définition —, mais en donnant à l'auteur le spectacle d'une faillite absolue et d'une erreur sans rémission qui le forcent à prendre conscience de son incurabilité (les « histoires d'artistes » de Kafka, toutes écrites à la veille de sa mort, peuvent d'autant plus passer pour son testament que, par une exception vraiment remarquable chez lui, il a tenu expressément à les publier).

Ayant en partage le même lot de déficiences congénitales, les artistes fictifs qui offrent à Kafka le spectacle de cette agonie souffrent naturellement du même mal, avec des variantes anecdotiques — ils sont hommes ou bêtes, placés tantôt dans un milieu assignable, tantôt dans un monde de pure fantaisie, ce qui ne change rien à leur situation —, et des différences plus profondes dues simplement à la répartition et au dosage de leurs traits communs. Grossis chez les uns, atténués chez les autres, combinés ici ou là avec des tendances plus susceptibles d'évolution, ces caractères invariables renvoient à la vraie cause de leur maladie, c'est-à-dire à l'infantilisme qui détermine leur impossibilité de vivre, et pour leur malheur, la nature même de leur vocation. Le positif que la morale courante pourrait leur accorder, tout comme le négatif dont ils sont amplement pourvus, découle de l'incapacité foncière où les met leur être inachevé. Infantiles jusqu'à la puérilité — le Trapéziste pleure dans le gilet de son imprésario pour obtenir un second trapèze, dans l'illusion apparemment qu'un appareil de plus le rapprochera décisivement de l'absolu —, tout en eux est faiblesse et démesure, orgueil et impuissance, parasitisme et revendication de liberté, autrement dit tout est mauvais puisque par le jeu de l'enfant éternel qui déguise sa faiblesse en absolutisme et lui interdit d'avancer, ses qualités les plus exceptionnelles sont celles-là mêmes qui le font tomber.

Ainsi sous le regard perçant de l'écrivain que la littérature a plus qu'aucun autre possédé — au sens réellement diabolique du mot —, l'illusion romantique se défait de tous côtés, et au moment où elle s'effondre les vraies questions commencent enfin à se poser. N'étant de son propre aveu que littérature, Kafka naturellement s'attaque d'abord lui-même, non point seulement par suite de son penchant morbide à se dénigrer et à se détruire, comme on le suppose généralement, mais parce que l'écriture abusive et abusée l'empêche tout simplement de créer : l'illusion doit se désagréger là où elle est le plus solidement ancrée, elle doit se démasquer de l'intérieur, c'est une nécessité absolue si la littérature ne veut pas rester « en l'air », perdue entre le ciel de sa démesure narcissique et la terre où elle n'a pas pied. Cette volonté de désillusionner exige l'emploi d'une technique impersonnelle qui permet de dresser un constat, à l'écart de toute polémique esthétique comme de toute idéologie (le « philistin » et le « réaliste » n'y trouvent pas plus leur compte que le mystique de l'idéal, personne d'ailleurs ne s'y retrouve sans un effort spécial, et cela se conçoit puisqu'elle s'exerce contre toutes les catégories où nos concepts sont rangés) ; ni positive, ni négative, donc, mais nécessaire en tant qu'unique remède au fourvoiement de l'écriture, elle est le dernier recours de l'écrivain déraciné contre le mythe de toute-puissance missionnaire entretenu par une tradition périmée, qui ne sert plus qu'à camoufler ses manques et ses excès infantiles, l'usage frivole qu'il fait de l'absolu, son égoïsme enfin, et les abîmes de sa perversité. De ce point de vue la désillusion constituée en technique est la dernière chance de la modernité, ou en tout cas la dernière forme d'inspiration dont elle puisse honnêtement se dire favorisée.

*

On dira que les temps ont bien changé et que le mal actuel, si tant est qu'un mot aussi précis convienne à un phénomène aussi vague, n'a certainement plus rien de commun avec l'état de possession dont Kafka voulait se délivrer. C'est vrai, le Trapéziste et le Jeûneur ont quitté le cirque sans laisser de traces ni de regrets ; et ceux qui les remplacent sont des gens contents, sinon heureux, des gens sûrs d'eux et complaisants, infiniment confiants dans les ressources et la valeur de leur imagination « spontanée ». Plus d'art, plus de savoir, plus d'efforts et bien entendu plus de métier, mais le génie pour qui le veut, le don gratuit, la liberté, où y aurait-il là matière à doute et à tourment, ou de quoi se mettre soi-même en question ? Dans un monde où les « affres de la littérature » ne sont plus guère que l'occasion d'une citation, le Jeûneur fou est devenu si incompréhensible que son cas cesse d'intriguer. En revanche les Chiens-volants et les Souris chanteuses voient s'ouvrir devant eux les plus belles perspectives ; étant n'importe qui, ils sont légion et font grand bruit ; jamais ils n'ont été aussi hardis, et jamais non plus, cela du moins est sûr au milieu de la confusion dont ils sont les premiers bénéficiaires, sinon les premiers agents, jamais leur verbiage et leur petit sifflement ne leur ont valu autant de considération.

*

Mégalomanie du roman. — D'après Soljenitsyne (dans une déclaration à la presse qui, au milieu de propos autrement retentissants, a dû passer totalement inaperçue), le roman n'est pas seulement un puissant moyen d'expression, mais tout bonnement le révélateur de la vérité. Grâce à l'ampleur et à la justesse de sa vision intérieure, le romancier surpasse de loin l'historien et le savant, lesquels comme chacun sait n'ont sur les phénomènes que des vues partielles et « bornées », jamais cette prescience du tout qui sait reconstituer les faits avec leur sens vivant. Où le spécialiste est forcé d'aller à tâtons pour recueillir un matériel morcelé, le romancier a le don de clairvoyance qui l'apparente aux prophètes et aux grands maîtres spirituels, aussi est-ce lui qui juge l'Histoire, non l'Histoire qui peut le juger (n'ayant pas noté les propos de S. sur le moment, je rends moins leur teneur exacte que l'impression qu'ils m'ont laissée). — De la part d'un homme qui se sent capable d'ébranler un empire à la seule force de ses écrits, une pareille foi dans la toute-puissance du roman n'a certes pas de quoi étonner, elle est ce qui rend le combat possible et donne à l'entreprise chimérique une vraie chance de se réaliser. Mais l'intérêt de la chose n'est pas là, je le vois pour ma part dans la persistance des idées que le roman propage sur son omnipotence et son extra-lucidité, alors même qu'à maint égard son heure paraît décidément passée. Soljenitsyne a beau vivre dans un monde où les règles des rapports humains, les façons de vivre et les données de la connaissance ont radicalement changé, il n'en reste pas moins fixé aux conceptions magiques sur quoi ses grands prédécesseurs fondaient leurs théories : il se prend, comme Balzac, pour « le secrétaire de l'Histoire » et s'érige, comme Zola, en « juge d'instruction de l'humanité » (le plus fort est qu'ici la magie peut réellement se targuer d'agir, quoique personne ne soit en mesure de dire si elle le fait décisivement).

*

Chaque fois que je passe devant l'Hôtel des Invalides — et c'est souvent puisque j'habite tout à côté —, je me demande de quelle façon il aurait été conçu et construit si, en son temps, le mot « invalides » avait été implicitement proscrit du vocabulaire officiel. Sans aller jusqu'à rechercher de mystérieuses correspondances entre l'architecture et les pudeurs de la morale sociale, on peut penser que les remarquables acrobaties linguistiques auxquelles nous nous livrons par respect humain ne sont pas dépourvues de liens avec nos techniques et ce qui nous tient lieu de style. Quoi qu'il en soit de notre peur des mots et des barbarismes qu'elle ne cesse d'inventer, le fait est que pour nous il n'y a plus ni pauvres, ni vieillards, ni primitifs, ni estropiés ; nous ne voulons connaître que des « économiquement faibles », des « personnes du énième âge », des pays « en voie de développement » et des « handicapés », ce qui contribue sûrement à apaiser un peu la mauvaise conscience collective, bien que les intéressés eux-mêmes n'en soient guère soulagés. Faute de pouvoir nettoyer le monde de ses hontes bien réelles, nous évacuons du moins de notre vocabulaire les idiots, déshérités, misérables et miséreux, bonnes à tout faire et bons à rien qui, hier encore, y exhibaient les plaies de l'inférieur, du faible, du taré (jusqu'à présent les malades et les morts ont l'air de résister, il est vrai qu'il n'est pas si facile de s'en débarrasser). En somme, poussés par notre délicatesse, nous travaillons à étouffer le scandale d'être en condamnant les mots qui le disent trop clairement à s'effacer devant des mots décents, mais cette substitution ne traduit pas seulement les bonnes et les mauvaises raisons couvertes par le respect humain, elle force aussi à constater que le mot, investi magiquement du même pouvoir que son contenu, reste pour nous l'objet d'un culte superstitieux : nous le croyons toujours capable de déchaîner, ou, s'il est invoqué spécialement à cet effet, de conjurer les forces actives dont il est le signe indifférent. Contrairement à la leçon des linguistes, que nous ne songeons d'ailleurs pas à discuter, nous sommes toujours convaincus intimement que le mot « chien » mord et qu'il peut même devenir enragé. Parler de « pauvre » expose donc à un double danger : c'est invoquer imprudemment les puissances liées à l'argent, contre lesquelles le démuni pourrait fort bien se dresser ; mais c'est aussi attaquer le « riche » en lui lançant à la tête le symbole explosif de sa situation privilégiée — de là « économiquement faible », un composé lui-même trop faible et trop mou pour qu'il y ait lieu de le redouter.

Cela dit, nous n'avons peut-être pas tellement tort de nous en tenir aux lois de cette magie primitive, en dépit de la logique et des remontrances de la théorie. S'ils sont mieux faits pour masquer les réalités gênantes que pour aider à les supprimer, nos euphémismes disgracieux ont cependant le mérite d'épargner aux défavorisés le surcroît d'humiliation que leur valait leur nom. Ne serait-ce qu'en cela ils représentent bien plus que des vœux pieux, car s'ils n'abolissent pas le passé rien qu'en le déclarant périmé, ils montrent du moins la direction que la vie veut prendre pour changer. Aussi, bien que leur rôle dans l'évolution des mœurs et des idées soit difficile, voire impossible à apprécier, la morale sociale y gagnera peut-être à la longue ce que le langage et l'esthétique y ont déjà sûrement perdu (l'opération, qui ne se fait que grâce à eux, ne peut réussir qu'à leurs dépens). Mais qui maintenant mettra ce « peut-être » et ce « sûrement » en balance ? Aucune « employée de maison » ne fournira jamais de servante Félicité à la littérature, de cela au moins nous pouvons être sûrs, mais qu'importe après tout si l'euphémisme par quoi la condition servile est implicitement réprouvée doit passer un jour dans les faits ? La perte des cœurs simples à venir peut bien laisser inconsolables ceux-là mêmes que la servilité révolte sincèrement, elle est en effet irréparable dans son domaine exclusif — et parfaitement insignifiante au regard de la vie, cela va de soi, puisque si haut que nous l'estimions, elle n'a de prix que sur les grands livres de la littérature, où les comptes des vivants ne sont jamais portés.

*

Toujours la peur des mots. — Étant enfant, j'étais fascinée par un triste chromo suspendu au-dessus du lit de mes parents. C'était l'une de ces natures mortes représentant une table chargée de victuailles, où le pain doré et les carafes rutilantes flanquent obligatoirement une pièce de gibier, généralement un lièvre ou un faisan. Chose remarquable, ce qui m'intriguait le plus dans le tableau n'était nullement la bête — une bête comme saisie entre le mort et le vif, qui pourtant eût dû m'angoisser —, mais le prosaïque verre de vin dont la forme noble et élancée ne cadrait pas avec mes concepts (je n'en avais jamais vu de pareil). Familier et inconnu tout à la fois, proprement « unheimlich », l'objet cependant ne m'inspirait aucun effroi, je le regardais plutôt avec curiosité, comme un spécimen tranchant bizarrement sur le genre et par là même difficile à classer. Mais lorsque ma mère m'eut dit que la chose s'appelait un verre à pied, le mot fit ce que l'image visible n'avait pu faire jusque-là : folle de terreur, je me mis à hurler et l'on eut bien de la peine à me calmer. Pourvu d'un pied (que naturellement je prenais à la lettre), alors que selon moi un verre honnête ne devait rien avoir de tel, l'objet devenait un hybride monstrueux qui, tenant à la fois de l'inanimé et de l'animal, pouvait à tout instant se mettre en mouvement et, qui sait, me sauter méchamment au visage. La terreur causée par le mot cessa d'ailleurs sitôt que l'expérience de la chose m'eut enseigné que, avec pied ou sans, on ne risquait rien à la regarder (en fait j'ai tout lieu de croire que ma phobie ne portait nullement sur le verre, mais bien plutôt sur le faisan que je feignais de ne pas voir parce que l'animal, en tant que cadavre paré, tout chaud, tout frémissant encore sous ses plumes coloriées, figurait sous une forme autrement plus immédiate que l'objet l'insoutenable horreur du mi-mort, mi-vivant).

*

On a beau dire, le roman-message continue de bien se porter. Ainsi le professeur Barnard confie aux journalistes à l'occasion de la sortie de son roman : « La forme romanesque m'a paru la meilleure pour exprimer mes idées sur la médecine. Sur bien des points la plume est plus efficace que le scalpel. » On dira que le célèbre chirurgien a une piètre opinion de son métier, qu'il est bien ingrat envers son scalpel (auquel il doit pourtant la grande notoriété dont sa petite plume peut espérer profiter), et que s'il a des idées dans sa spécialité, celles qu'il se fait sur leur véhicule littéraire, sans parler du mépris où il semble tenir et ses malades, et son public, seraient plutôt de nature à les discréditer. La sottise du propos ne doit pourtant pas tromper : elle témoigne encore de cette surestimation de la littérature qui pousse tant de gens « arrivés », voire déjà comblés d'honneurs dans d'autres domaines, à rechercher de surcroît précisément la gloire de l'écrivain, comme si leur rage de grandeur ne trouvait qu'en elle de quoi se satisfaire pleinement.

*

Un journaliste (J. Lacouture) oppose dans un article la « véhémence » des Khmers rouges à la « pondération » des révolutionnaires vietnamiens. On songe aussitôt à une conversation un peu trop animée entre des gens de tempéraments opposés : les uns sont « véhéments », les autres « pondérés », les « véhéments » obéissent à leur nature passionnée, les « pondérés » à leur sang plus froid, l'opposition n'implique pas de jugement, chacun est libre de la trancher selon ses propres sympathies. De toute façon, on reste là sur le terrain de la psychologie la plus banale ; il n'y a pas lieu d'en faire un drame, et encore moins une affaire décisive pour l'histoire mondiale.

Eh bien, non, justement, l'affaire est grave au contraire, et bien plus compliquée que le ton de l'article ne le laisserait supposer. D'abord elle ne tient pas seulement à une « opposition » mais aussi à un « parallèle » entre deux attitudes que leur parfaite antonymie n'empêche nullement d'être similaires (partout ailleurs les « véhéments » s'opposent aux « pondérés », ici non, puisqu'ils marchent parallèlement). Ensuite elle n'a rien à voir avec la psychologie, nous apprenons qu'en fait elle relève de la sociologie politique, pour laquelle, nous dit-on, « elle ne manquera pas de devenir un problème classique ». Du coup tout devient clair : les termes employés ne désignent pas du tout deux expressions possibles de la vie affective ou deux modes d'expression du caractère national, mais deux façons de prendre le pouvoir, deux tactiques momentanément divergentes qui à la fin des fins doivent mener au même but. Ainsi « véhémence » n'était là que pour éviter « violence », « pondération » ne lui faisait pendant que pour suggérer un paisible débat, tout en évitant « modération », qui eût tout de même été excessif, et « parallèle » ne refoulait « opposition » que pour barrer le chemin à toute idée d'antagonisme entre les deux termes de la comparaison. Il faut d'ailleurs avouer que, habitués comme nous le sommes à rectifier machinalement et les euphémismes tendancieux, et les outrances de notre langage public, nous l'avions d'emblée parfaitement compris.

*

Le désarroi des professeurs de français (réunis en congrès, à Luchon). D'après le mot d'un participant rapporté dans un article du *Monde,* les enseignants de français connaissent actuellement « un véritable désarroi quant au contenu, voire même (sic) quant à l'utilité » de leur discipline. Quoi de plus affolant, en effet, que d'avoir à enseigner une langue dont le contenu se dérobe et qui par surcroît n'a pas d'utilité définie (d'après la gradation indiquée par « voire même », l'utilité est ici le principal, autrement dit un enseignement dépourvu de tout objet, mais utile, serait à la rigueur défendable ou en tout cas moins déroutant). Que le désarroi du porte-parole de la corporation ne soit pas feint, on peut le croire rien qu'à l'entendre. Mais aussi quelle idée de vouloir enseigner une matière douée de si peu de réalité qu'on n'a pas pris soi-même la peine de l'apprendre.

*

On ne donne pas au traducteur l'importance décisive qui lui revient en fait, je ne dis pas seulement dans la diffusion de la littérature, mais dans la circulation et la fabrication des idées. Qu'on imagine pourtant à quoi la Bible, n'eût-elle été connue que dans sa langue et son pays d'origine, se fût trouvée nécessairement réduite. Il n'est pas de religion, pas de doctrine, pas d'innovation dans l'ordre intellectuel qui ne doive entièrement à la traduction ses chances d'expansion et son pouvoir de durer. Pour ne citer que celles qui ont le mieux réussi chez nous — christianisme, marxisme, freudisme —, il est certain que les livres dont elles sont issues n'auraient pas entraîné grand monde si des générations de truchements ne les avaient largement propagées hors des frontières étroites de leur domaine primitif. A cet égard, le traducteur n'est pas seulement le traître que dénonce le proverbe, il crée au moins autant qu'il ne trahit puisque aucune idée ne conquerrait le monde sans lui. Bien plus, il est créateur jusque dans ses pires trahisons, car les doctrines dont il est l'agent de transmission ne nous parviennent jamais que mêlées à ses erreurs ; beaucoup même n'ont triomphé que grâce à un faux sens, un contresens, un à-peu-près dû tantôt à l'incompétence de l'interprète, tantôt à sa naïveté, à son zèle pieux ou à son parti pris conscient d'apologiste.

Qu'ils soient victimes d'une inadvertance, d'une connaissance approximative de la langue originale ou d'une mode idéologique, les textes traduits sont rarement autre chose qu'un mélange un peu trouble de faux et d'authentique, et lorsqu'ils finissent par faire autorité, c'est généralement sur ce qu'ils ont de plus douteux qu'on échafaude les plus subtiles théories, quitte à faire dire à l'auteur des choses contraires ou étrangères à ses préoccupations, ou encore à lui prêter des vues qui, dans le contexte intellectuel de son temps, n'eussent pas même pu lui venir à l'esprit. Les livres anciens profanes et sacrés sont évidemment les premiers à pâtir de ces contrefaçons maladroites ou trop habiles, qui passent si facilement après coup pour être « inspirées ». Mais quoique moins problématiques, les modernes ne sont guère mieux traités, car si le traducteur actuel est techniquement bien armé pour les respecter, il reste soumis à la même tentation de solliciter le texte pour lui faire dire ce qu'il a envie d'y trouver, ce qui change ses erreurs en véritables « actes manqués ». Ainsi à l'époque où l'interprétation théologique de Kafka avait la faveur de la critique, on ne croyait pas que sous cette plume constamment au service de l'Idée, le mot le plus simple placé dans le contexte le plus concret pût ne désigner que son objet, sans arrière-sens ni arrière-pensée. Kafka notait-il par exemple dans un passage de son *Journal* que le célèbre anthroposophe Rudolf Steiner portait toujours une « Kerze » dans la poche de son veston, on donnait naturellement la préférence à « cierge » sur « bougie », qui dans un aussi noble entourage paraissait trop trivial. Avec cela Kafka ne laisse pas le moindre doute sur la nature et la destination de l'objet : il explique quelques lignes plus loin — non sans humour et même sans une pointe de malignité — que le Dr Steiner ne se séparait jamais de son bout de bougie parce que, ayant la phobie de l'obscurité, il craignait plus que tout les pannes d'électricité. — Évidemment personne n'est à l'abri de ces moments d'aberration dans lesquels le savoir et le bon sens semblent momentanément abolis, mais ce qui compte n'est pas que tout le monde puisse se tromper, c'est bien plutôt la suggestion et même la sorte de cécité que le mot ou le tour fautif est à même de provoquer : le fait est qu'il est convaincant et que, rarement corrigé sur-le-champ, il contribue puissamment à fortifier la tendance qui l'a en quelque sorte soufflé.

La synonymie étymologique de « traduction » et d'« interprétation » est donc toujours aussi fondée (à preuve les travaux français consacrés depuis quelque quinze ans aux textes de Freud : l'exégèse y détermine le sens des mots, lesquels de leur côté engendrent de nouvelles gloses), toutefois les adultérations involontaires et tendancieuses véhiculées par les traductions n'ont pas pour les œuvres que des effets négatifs, dans bien des cas elles leur ont valu un succès infiniment plus large que ne l'eût fait sans doute le texte correct, et nombre de mouvements spirituels y ont trouvé leur véritable chance historique (les critiques de l'Ancien Testament dits « profanes » ou « laïques » ont relevé un à un les contresens involontaires des Septante qui, utilisés plus ou moins sciemment dans les Évangiles à des fins apologétiques, ont par la suite servi de base et de preuve aux dogmes les plus intangibles. En pure perte, apparemment ; en tout cas les textes sacrés n'ont rien perdu de leur autorité, ni, pour le croyant, de leur caractère inspiré). A considérer l'énorme disproportion qui saute ici aux yeux entre l'erreur première et ses conséquences, on se dit qu'il n'y aurait pas de tâche intellectuelle plus tentante, parmi toutes celles dont on peut rêver, que de récrire à partir de là toute l'histoire de la pensée.

*

Les bons livres émeuvent par l'intermédiaire d'objets qui, n'existant nulle part ailleurs que dans un certain assemblage de mots, ne peuvent ni ne doivent éveiller chez le lecteur aucune espèce de convoitise. Les mauvais émeuvent tout autrement, par le moyen d'objets bruts représentant des choses tangibles et consommables spécialement propres à susciter l'envie (quoi qu'on en dise et quelque « art » qu'il y mette, le roman policier, d'aventure ou érotique, qui affiche dans son genre même l'intention d'exciter pour ainsi dire physiquement désirs et passions, appartient toujours plus ou moins à cette catégorie). Cela dit, la distinction n'est pas toujours si nette qu'elle puisse fournir un critère absolu, malheureusement pour notre philosophie ; en fait elle vaut plus sûrement pour le mauvais que pour le bon, les meilleurs livres n'étant pas exempts de ces éléments esthétiquement douteux qui agissent moins sur le nerf littéraire que sur les nerfs tout court (on les reconnaît au « comme c'est bien ça ! » par quoi on a envie de les saluer). — En tant que robes réellement portées, les toilettes de Madame Bovary ne m'inspirent pas le moindre intérêt, cela va de soi, pourtant je me suis souvent prise à rêver aux coiffures extraordinairs qu'elle invente à un moment donné, autant pour changer de tête que pour tromper son incurable ennui (il est vrai que tout lecteur a ses heures de trivialité, comme tout auteur a ses laisser-aller, n'empêche que *L'Éducation sentimentale,* par exemple, n'offre rien qui puisse donner appui à une pareille utilisation). Donc, je ne comprends pas du tout pourquoi les coiffures de Madame Bovary tombent ainsi pour moi hors de la littérature ; mais je comprends encore moins le plaisir que me procure un héros de « Série Noire » attablé devant un formidable petit déjeuner, après une nuit de débauche ou de tuerie. Le fait est pourtant que cette omelette de douze œufs, cette montagne de crêpes dégoulinante de sirop d'érable et ce pot de café noir bouillant que la littérature n'effleure même pas de loin, et qui dans la vie me donneraient plutôt la nausée, me paraissent ici on ne peut plus tentants.

*

Paradoxalement, mais de mon point de vue non sans logique, j'inclinerais à croire que ce qui me plaît dans ce petit déjeuner de « Série Noire », si honnêtement dénué d'ambitions littéraires, est précisément ce qui me déplaît de tout temps dans la madeleine de Proust.

*

Flaubert s'indignait lorsque l'éditeur Charpentier décidait de faire de l'un de ses livres une édition illustrée : « L'illustration est antilittéraire. » « Vous voulez que le premier imbécile venu dessine ce que je me suis tué *à ne pas montrer* ? » Kafka dut accepter que la couverture de *La Métamorphose* fût illustrée, comme l'exigeait la collection où la nouvelle était publiée, mais il supplia Kurt Wolff d'empêcher à tout prix que l'insecte lui-même y fût représenté : « Surtout pas cela, surtout pas cela ! » s'écriait-il avec effroi dans une lettre destinée à prévenir pareille énormité (« cela » a d'ailleurs été évité, la couverture de l'édition princeps montre bien Grégoire sous sa forme humaine, seul, debout dans une chambre entièrement nue, il tourne le dos à une porte entrebâillée sur un fond noir et se cache la tête dans les mains). Colère ou épouvante, la réaction de Flaubert et de Kafka devant l'illustration de leur œuvre s'explique évidemment par tout autre chose qu'un simple mouvement d'humeur ; elle exprime la protestation de l'écrivain *cohérent* contre la confusion des arts et des genres dont la modernité semble se faire une spécialité. Pour Flaubert et Kafka, modernes certes chacun en son temps, mais intraitables sur le chapitre du vrai, la cohérence interne de l'œuvre est le principe absolu que tout art applique à sa façon, à l'intérieur de genres strictement délimités entre lesquels aucune transposition ne peut jouer. Les images écrites ne peuvent en aucun cas se traduire en images vues, car elles n'existent que dans le temps et l'espace d'une organisation verbale déterminée, et jamais dans leurs parties apparemment transposables, qui sont exactement ce que l'écriture s'impose de surmonter (Flaubert se *tue* à ne pas montrer ce qu'il décrit). Dès lors peu importe que l'image ajoutée ou substituée au texte ait en elle-même de la valeur : elle est à proscrire par l'unique raison que l'objet vu tue l'objet écrit, dès qu'il s'en saisit pour le représenter (même la « Madame Bovary » de Jean Renoir eût mis Flaubert en fureur, mais on n'ose pas penser à ce que Kafka, qui tremblait déjà à la seule idée d'une couverture illustrée, eût ressenti devant les innombrables mises en pièces et en films qu'on s'est arrogé le droit de produire sous son nom).

*

D'après J.-L. Curtis *(Questions à la littérature),* grâce à l'existentialisme, ou par sa faute selon le point de vue où l'on entend se placer, « il n'y a plus désormais d'immunité littéraire ». Tiens, il y aurait donc maintenant des lois pour définir et sanctionner les délits d'écriture, et des tribunaux spéciaux pour en assurer l'application ? Pourtant, en dehors des procès d'intention ou d'opinion que l'idéologie fait çà et là aux écrivains mal engagés — sans parler des vrais procès, dont les tenants et les aboutissants ne sont jamais du ressort de la littérature —, il apparaît plutôt que l'écrit, s'il est souvent jugé sur sa valeur de « message », est en lui-même hors de toute juridiction, de sorte que l'auteur, libre d'user et d'abuser du langage selon les fins qu'il se propose, reste assuré littérairement parlant d'une parfaite impunité. Jusqu'à nouvel ordre l'écrivain peut toujours affirmer sans preuves, trancher de ce qu'il ignore, se contredire sans s'expliquer et d'une façon générale prendre les vessies de ses désirs pour les lanternes de la réalité — il en a parfaitement le droit, cela fait partie de son métier. Il peut tricher, mentir, penser de travers et se donner de surcroît pour un maître à penser : ses erreurs, illusions et inconséquences ne lui sont jamais imputées à crime, la postérité, quand il en a une, ne lui en tient pas plus rigueur que les contemporains, et comme aucune instance légale ne se sent habilitée à en connaître, personne ne songe ou ne se risque à les verser à son dossier.

*

Rien ne m'a autant fascinée, vers l'âge dit « œdipien », que la découverte des « familles de mots » et de tout ce qui s'y associait pour moi avec plus ou moins de clarté. Que les mots pussent s'engendrer mutuellement, et former ainsi des familles comparables à celles des humains, en soi déjà cela me paraissait admirable, d'autant qu'en se fondant sur cette disposition particulière du langage, l'étude tournait tout de suite au jeu (je prenais bien plus de plaisir à manipuler dérivés et composés qu'à tout autre jeu d'enfant). Toutefois il y avait plus, mon émerveillement tenait encore à des causes plus obscures, nichées celles-là dans un vieux fonds d'angoisse. Car les familles de gens semblaient se faire au hasard, ou en vertu de lois mal connues qui entretenaient autour d'elles une atmosphère lourde de questions et toutes sortes d'ombres équivoques ; alors que les familles de mots, exposées à tous les regards, obéissaient à des règles bien déterminées, faciles à apprendre et à appliquer, dont la connaissance était non seulement licite, mais même expressément prescrite par les autorités. De plus les liens du sens y remplaçaient les liens du sang, de sorte qu'elles étaient immédiatement intelligibles et élevées du même coup à une sphère purifiée, d'où les énigmes et les souillures de la promiscuité familiale étaient d'emblée éliminées. Les mots venaient au monde comme les enfants humains, à ceci près toutefois — et la différence était de poids — que leur naissance n'était pas un secret : on les faisait au grand jour par simple accolement de préfixes ou de suffixes au radical parent — un procédé remarquable ayant le double avantage d'ouvrir au savoir un champ considérable (un mot en donnait aussitôt dix), et d'ôter à la famille charnelle tout ce qu'elle gardait de scabreux, voire quelquefois de terrifiant. Dès lors par la grâce de la grammaire, la procréation passait de l'ordre de la chair au seul pouvoir de l'intelligence, on pouvait donc l'imiter et se passionner pour ses jeux, puisque les mots, tout en touchant délicieusement au sujet défendu, offraient une protection des plus efficaces contre la transgression de l'interdit. Là en somme on pouvait jouer impunément avec le feu et, pour une fois, refaire la vie sans culpabilité.

*

Le dilemme du « je » qui écrit : « Si je ne suis pas pour moi, qui le sera ? Et si je suis pour moi, qui suis-je » (Talmud) — c'est ce que l'*Ego Scriptor* de Valéry n'arrive pas à résoudre.

*

« Il était capable de remplir cent pages, mais non de créer la langue des cent pages non écrites. » Ce jugement très pertinent de Karl Kraus sur Heine perd un peu de sa valeur d'exemple quand on fait le compte des écrivains morts ou vivants auxquels on ne pourrait pas l'appliquer.

*

Je sursaute en lisant dans *La Femme Auteur* de Balzac : « un mari libertin et voltairien, voire un peu communiste... ». Un mari communiste, chez Balzac ? En 1830 ? Est-ce possible ? Ce mot de notre vocabulaire quotidien paraît ici tellement anachronique et incongru qu'on croit d'abord l'avoir mal lu. Pourtant on connaît son histoire, on sait que du temps de Balzac déjà il était d'un emploi courant, mais dans ce contexte inattendu il laisse un instant perplexe, et justement par ce qu'il a de plus familier. Car avec un sens à peu près inchangé depuis ses origines, il évoque pour nous une longue suite d'événements, toute une foule de faits, de dates, de noms et d'images sans lesquels nous ne pouvons plus le penser, mais dont Balzac n'avait évidemment pas la moindre idée.

*

Lambeau de rêve. — Quelqu'un me dit en réponse à je ne sais quelle plainte : « Il faut avoir de l'esculape. » Le mot, dont la première lettre est bizarrement aspirée, me semble commander le courage, ou l'espoir, ou les deux, l'espoir de guérir peut-être ou bien le courage de lutter. Mais en vertu de l'ambiguïté qui caractérise tous ces néologismes oniriques (ils sont toujours très amusants et foncièrement agressifs), j'y sens aussi comme un appel pressant à la résignation, ce qui donne à la phrase et au rêve un air vaguement sinistre (ici en fait l'ambiguïté a un support matériel : elle provient des deux bustes en plâtre qui ornent ma pharmacie habituelle, des deux côtés de la porte principale ; l'un représente Esculape, visage serein, traits fins, belle tête bouclée ; l'autre, Hippocrate, face grisâtre, décomposée, avec comme il se doit les signes « hippocratiques » qui font reconnaître le mourant. Dans mon rêve apparemment le bel Esculape a voulu refouler l'Hippocrate qui lui fait pendant, mais il n'a réussi qu'à moitié, si bien que l'h aspiré appartenant à la figure évincée s'est accolé à son nom et a réintroduit dans le contexte encourageant ou consolant une menace à peine atténuée).

*

L'impression bizarre que produit un mot étranger aujourd'hui passé en français lorsque nous le trouvons dans un livre du siècle dernier, où il était encore obligatoirement traduit. Je lis dans Conan Doyle une histoire de « vachers » déchaînés quelque part dans l'Ouest américain, et il me faut un bon moment pour comprendre de quoi il s'agit, tant le mot « vachers », quoique exact, jure avec la nature et la couleur du décor. De même les « cafés » londoniens évoqués dans un autre passage font un effet positivement fantastique, là où « pub » paraîtrait normal. C'est que le vocable étranger, s'il est bien implanté, prend tout le naturel qui autrement revient à l'original, tandis que le mot français chassé de chez lui se charge d'une nuance d'exotisme et devient étrange, presque étranger, proprement « unheimlich ».

*

Trivialité du roman. — C'est la tare congénitale du genre, à quoi seul échappe le romancier méfiant qui, connaissant le danger et craignant sans cesse de s'y exposer, sait prendre contre elle des mesures techniques appropriées. Car le trivial ici n'est pas superposable à ce qui passe pour tel dans la vie ; il découle directement d'une faiblesse de constitution qui laisse le roman à la merci du romanesque brut, dans une zone mal éclairée où les raisons et les rigueurs de l'art n'ont pas ou pas encore accès.

Le romancier, on le sait, jouit d'une liberté sans exemple dans le choix et le traitement de ses sujets. Il raconte ce qu'il veut, comme il veut, et façonne son récit selon le bon plaisir qui passe ici pour être son droit le plus strict. Non seulement il crée ses personnages et dispose d'eux à sa guise, mais rien ne l'oblige à dire comment il les obtient, où il se place pour les observer, ce qui le conduit à choisir son point de vue, s'il en a un, et pourquoi, l'ayant choisi, il l'abandonne si facilement pour vagabonder aux quatre coins de l'espace et du temps. Où le narrateur est-il posté pour voir les choses et les gens qu'il décrit ? A l'intérieur d'un seul personnage, et par suite, à l'extérieur de tous les autres, ou bien au-dedans de tous ceux dont il rapporte les sentiments et les idées ? Que peut-il logiquement embrasser du regard depuis le poste d'observation qu'il s'est lui-même fixé ? S'il occupe en face de ses personnages une position bien définie, d'où vient qu'il lui soit loisible tantôt d'ignorer tout de leurs raisons d'agir, tantôt, au contraire, de pénétrer leurs plus secrètes pensées, avant même qu'elles ne soient formées ? Dans la sphère propre du roman, cette problématique du *point de vue* ne suscite pas beaucoup d'intérêt ; bien que le niveau esthétique du récit dépende pour une large part de la réponse qu'elle reçoit pratiquement, elle n'est pas de celles qui passionnent le romancier, à quelques grandes exceptions près — James, Flaubert, Kafka — qui, justement, sauvent le roman de sa vulgarité innée. En général, le critique ne semble pas la soupçonner, et l'historien de la littérature ne lui accorde guère d'importance, en tout cas elle ne joue aucun rôle dans sa façon de juger, surtout lorsqu'il aborde les échelons les plus hauts de la hiérarchie (qui irait chicaner Balzac ou Tolstoï sur l'incohérence de leur point de vue et sur le manque de tenue qui en résulte pour leurs récits ?). Que les romanciers, si prompts d'ordinaire à s'expliquer sur les « valeurs » contenues dans leurs livres, et si sourcilleux sur le chapitre de la « vérité », ne se soucient pas de mettre en discussion le seul aspect de leur travail dont la critique ait légitimement à connaître, ils le prouvent abondamment eux-mêmes dans les préfaces d'auteurs où ils exposent leurs intentions — pour leurs censeurs éventuels au moins autant que pour le public : tous s'étendent longuement sur l'utilité publique de leur œuvre en tant que véhicule d'idées et agent actif de progrès, beaucoup se targuent d'instruire et d'éduquer, voire d'agiter l'humanité, d'autres enfin, plus récemment, expliquent qu'ils écrivent des romans pour défier le genre ou le détruire — mais aucun ou presque n'exige d'être jugé exclusivement sur la justesse et la rigueur de ses procédés, qui constituent pourtant la seule part contrôlable de sa vérité.

En cela le roman moderne tranche radicalement sur ce qu'il était à ses débuts, lorsqu'un Cervantès ou un Defoe l'établissait enfin à son rang. Très proches encore des formes épiques du passé, et très sensibles à l'arbitraire dont les leurs sont nécessairement entachées, les fondateurs du genre tiennent avant tout à se prémunir contre le reproche d'extravagance et de vulgarité dont les lettrés, accoutumés de tout temps à identifier art et règle, accablent alors le roman *déréglé*. Pour faire accepter tout le nouveau dont ils sont les messagers, ils ne peuvent donc pas s'appuyer sur le pouvoir discrétionnaire de la fantaisie, puisque la fantaisie est ici précisément l'objet de la pire suspicion, il leur faut au contraire feindre de ne rien imaginer, de sorte qu'au lieu de se poser en auteurs, ils placent leurs inventions sous une quelconque autorité extérieure qui, leur ayant censément transmis leur sujet, avec le droit ou même le devoir de le publier, soit de nature à leur valoir d'emblée un certain crédit. La convention dans ce cas n'est pas comme le prétendent les manuels le vestige de mœurs littéraires héritées des Anciens, mais bien l'instrument dont le nouveau se saisit pour s'assurer un semblant de légitimité et une chance de durer. On connaît les expédients auxquels recourt le romancier classique pour se donner l'air de ne pas fabuler — manuscrit trouvé par hasard, relation d'un témoin oculaire ou d'un personnage mêlé de près aux événements, confession du héros lui-même, échange de lettres, relation d'un fait divers ou d'une aventure réellement arrivée — les procédés en eux-mêmes n'importent guère, tous sont bons, paradoxalement, pourvu qu'ils entretiennent l'illusion d'un auteur inconnu, dont le vrai ne serait en somme que l'exécuteur. Bien loin qu'il cherche à présenter son œuvre comme le fruit d'une inspiration originale, ou comme l'expression de ce qu'il a de plus personnel, le romancier d'alors fait tout ce qu'il peut pour en désavouer la paternité. A en croire Cervantès, il n'est pour rien dans la création de *Don Quichotte,* il s'est borné à traduire en castillan le texte d'un certain Cid Hamet Ben Engeli, dont il a trouvé le manuscrit par hasard, dans le bric-à-brac d'un fripier. Et Daniel Defoe ne cesse de proclamer que *Robinson Crusoé* n'est en aucune façon un produit de son imagination, mais le récit d'aventures véritables qu'il a simplement rédigé, en se gardant d'adultérer en quoi que ce soit l'ordre et le sens des événements. C'est qu'à l'aube de l'ère moderne, le romancier préfère de beaucoup passer pour un imitateur, un traducteur, un compilateur sans originalité, plutôt que de prendre place parmi les vulgaires phantastes et producteurs de fables auxquels le mot « roman » fait aussitôt penser. Et pour suggérer au lecteur qu'il n'a rien de commun avec ces esprits faux si justement déconsidérés, il se retranche derrière n'importe quelle convention, croyable ou non, mais propre à le blanchir au moins sur le moment du grave péché de fabulation.

Outre qu'elle permet à l'auteur de se désolidariser d'un genre réputé inférieur, la genèse conventionnelle du roman a encore ceci d'avantageux qu'elle l'amène tout naturellement à conserver la perspective bien définie dans laquelle ses héros ont d'abord été *vus* : il ne sait et ne doit savoir de leurs faits et gestes que ce que lui apprennent le manuscrit trouvé, la confession tombée entre ses mains, les lettres dont il est le dépositaire, ou le témoignage d'un unique témoin. Comme son intermédiaire supposé parle en général au nom d'un « je » ou d'un « il » placé au centre de l'action, l'auteur réel est bien forcé lui aussi de s'en tenir à ces informations exclusives, qui concernent d'ailleurs bien plus les actes immédiats des héros que leur psychologie. Ainsi conçu, et tant qu'il reste tributaire des conventions qui lui permettent de renier son nom, le roman s'interdit évidemment les vastes entreprises où se jettera bientôt le genre plus évolué, mais s'il y perd beaucoup en étendue, il y gagne la cohérence interne et l'unité esthétique qui, dans la hiérarchie littéraire contemporaine, constituent les critères mêmes du rang.

Lancé à la conquête de provinces de la vie et de la pensée jusque-là non exploitées, le roman colonisateur du XIXe siècle s'accommode évidemment fort mal de ce principe classique d'unité, qui forme effectivement le plus gros obstacle à son appétit de liberté. Dès l'instant qu'il ne reconnaît plus aucune limite à son pouvoir d'appréhension, le narrateur doit briser avec la seule règle d'art que lui lèguent ses devanciers, car s'il prétend tout embrasser du regard, tout comprendre, tout reproduire avec la dernière fidélité ; s'il veut dominer aussi bien la matérialité des choses que l'immatérialité de la pensée, il est clair qu'il lui faut s'attribuer des capacités de perception théoriquement illimitées, il lui faut se pourvoir d'une sorte de grâce surhumaine qui le dispense de se situer dans un temps et un espace fixés. L'ancien narrateur réglait sa technique — en gros il n'avait guère que deux modes d'expression : le narratif, et le dramatique représenté par les dialogues — sur sa conscience de n'être en face du monde qu'un individu isolé, un humain ordinaire, doté comme ses semblables de facultés et de perceptions limitées ; il ne montrait et ne relatait donc rien que n'eût pu voir, entendre, apprendre un homme normal placé à ses côtés ; et il ne jugeait des choses et des gens qu'à l'intérieur de la situation où il pouvait logiquement se former une opinion (que le récit fût fantastique ou fabuleux ne le dispensait pas de se conformer aux lois de l'espace et du temps, dont tout message humain dépend : Gulliver a beau être transporté dans un autre monde, ayant d'autres mesures et d'autres raisons, il ne voit, n'entend, ne sait de son entourage que ce qu'on lui apprend, et ce qu'un observateur pourrait en percevoir s'il tombait lui-même à Brobdingnag ou à Lilliput).

Cette règle tacite, selon laquelle le récit romanesque, si libéré soit-il de l'expérience empirique, doit se soumettre dans tous les cas aux lois de l'intellect et de la physiologie, le nouveau narrateur ne saurait évidemment la reconnaître : le roman étant pour lui apte à tout rendre et à tout saisir, il ne se laisse borner ni par la solide délimitation des corps, ni par l'opacité des âmes et des têtes. Le romancier ne peut donc plus fonder son récit sur l'alternance du dialogue et de la description, qui contraignait son devancier à se tenir sur une scène rigoureusement circonscrite, et à ne représenter que des choses perceptibles à partir d'un point de vue donné ; il lui faut des procédés mieux adaptés à la conquête du monde dont il rêve, c'est-à-dire de nouvelles conventions, plus souples celles-là, et plus variées, qui lui permettent de renverser l'ancienne légalité. De fait il se forge des instruments ingénieux grâce auxquels, délivré de toute pesanteur terrestre, il peut flotter à son aise dans le vague du non-situé. Et à mesure que son empire s'étend, en un siècle qu'on peut appeler vraiment le sien, il s'insinue de plus en plus facilement entre les faits contés et les paroles prononcées ; entre le manifeste et le seulement pensé ; entre le cuir visible des corps et la chair cachée du vivant. A la fin rien ne s'oppose plus à la connaissance totale dont il veut donner l'illusion : ayant rompu les derniers liens qui maintenaient ses prédécesseurs dans l'ordre de la physique et de la logique, il est en mesure de démonter les ressorts secrets de l'âme isolée aussi bien que ceux de l'Histoire mondiale, et de se poser non plus en simple conteur d'événements supposés vrais ou possibles, mais en devin inspiré, en voyant à qui la vie révèle d'elle-même et ses petites énigmes quotidiennes, et le mystère de ses grands mouvements.

Que la trivialité du roman soit en proportion directe de sa mégalomanie, ou plus exactement de la part de mégalomanie que l'auteur ne peut ou ne veut pas dominer, c'est ce que Sartre disait fort bien dans son célèbre article sur le livre de Mauriac : *La Fin de la nuit.* Dans la perspective philosophique qui est alors la sienne, Sartre il est vrai est surtout choqué par l'abus de pouvoir dont le romancier se rend coupable à l'égard de son héroïne, mais il n'est pas sans noter que cet abus, né de la clairvoyance contre nature de l'auteur, est responsable de la médiocrité esthétique du récit, laquelle est d'autant plus gênante en effet qu'elle tranche désagréablement sur le but spirituel visé dans ce roman à thèse. Se conduire avec un personnage comme le fait Mauriac avec Thérèse Desqueyroux, c'est, dit Sartre, se donner à bon compte l'ubiquité, l'omniscience, l'omnipotence qui sont les attributs de la divinité ; c'est priver les figures créées de toute espèce de liberté, puisque l'auteur, sachant de leurs plus secrètes pensées ce dont personne ne peut avoir connaissance, et qui quelquefois leur reste à elles-mêmes en partie caché, les engage dès le début sur un chemin tracé par lui dont elles ne peuvent pas dévier. Pour le philosophe, le pire péché du romancier — péché d'orgueil, dit-il avec raison — réside dans cette servitude qu'il impose à ses créatures, le défaut d'art n'en est que l'effet (« Dieu n'est pas un artiste, M. Mauriac non plus »). C'est incontestable ; il y a bien un rapport de causalité entre la vulgarité du roman et l'idéologie plus ou moins formulée, plus ou moins formulable, qu'on peut déduire du besoin de fabuler. Mais s'il veut s'épargner ce double péché contre l'art et l'humilité, le narrateur ne peut compter uniquement sur l'exercice d'une pensée plus honnête et plus saine, il lui faut encore adopter une technique qui le contraigne à une discipline sévère, là même où son désir de toute-puissance refuse de se laisser borner. A cet égard il n'est pas juste de dire que « M. Mauriac n'est pas un romancier », il en est un, et au même titre que les innombrables faiseurs de contes qui, loin de prendre les facilités du genre en haine ou tout au moins de s'en méfier, s'y abandonnent avec volupté.

Théoriquement, la seule façon de tirer le roman de ses bas-fonds serait donc d'écrire des romans en haine du roman, et de maîtriser par une technique rationnelle les désirs anarchiques, contradictoires le plus souvent, irrationnels par définition, dont le romanesque se nourrit avec prédilection. Théoriquement, certes, mais dans ce domaine où l'arbitraire fait fonction de règle, il s'en faut de beaucoup que la théorie soit toujours vérifiée, un simple coup d'œil sur les chefs-d'œuvre de la littérature mondiale suffirait à le rappeler. En fait on trouverait peu de romanciers, même parmi les grands maîtres du siècle dernier et du nôtre, qui ne se conduisent à quelque degré en disciples du Diable boiteux, lequel comme chacun sait a le don de soulever le toit des maisons et pénètre ainsi tous les secrets, y compris ceux que le crâne humain cache le mieux. Le cas de Dostoïevski, que Sartre cite en exemple pour faire comprendre l'erreur de Mauriac — à tort, cette fois —, montre parmi bien d'autres comment le Diable, boiteux ou non, sait triompher en cette affaire des arguments de la raison.

Alors que dans ses nouvelles courtes, Dostoïevski garde correctement le point de vue du narrateur classique, situé à l'extérieur des événements fictifs, ses grands romans témoignent à cet égard d'une incroyable confusion. Ainsi l'histoire des *Possédés* est racontée d'abord par un « je » qui, selon lui, était présent lorsqu'elle s'est produite et y a même tenu un rôle de second plan, ce qui l'autorise quelquefois à se changer en « nous ». Jusqu'à la fin de la deuxième partie du quatrième chapitre (intitulé *La Boiteuse*), ce « je » n'a pas le moindre avantage sur n'importe quel « je » vivant : il y a des choses qu'il sait, d'autres qu'il ignore, d'autres encore qu'il ne connaît que par ouï-dire, certaines qu'il obtient par déduction ou en reconstruisant les faits sur des fragments d'information — bref, il ne sort pas de son humanité et développe son récit en conséquence, sans s'avancer plus que ne le lui permet le fonctionnement normal de son esprit et de ses sens. En ce qui touche le bien-fondé de ses propos, ce « je » conscient de sa relativité se montre même spécialement sourcilleux : il accumule les précautions, les réticences, les restrictions ; dans les cas douteux il insiste sur sa perplexité et va jusqu'à fournir plusieurs versions de certains incidents, afin de mettre le lecteur en possession de tout le dossier. A l'aide de formules telles que « on a dit », « quelqu'un, je ne sais plus qui », « les uns ont prétendu que... », etc., il donne le sentiment que, pris lui-même dans un écheveau indébrouillable de causes et d'effets, il n'est pas mieux armé pour en juger qu'un homme quelconque placé dans sa situation. Rassemblant comme il peut les éléments épars du récit, autour de personnages ni plus ni moins informés que lui de ce qui mène leur destin, il démontre par sa seule présence que les « possédés » ne sont pas déterminés par une décision autoritaire de l'auteur, mais bien par les forces individuelles et collectives que déchaînent aveuglément leurs propres démons intérieurs.

Jusque-là, donc, le flou psychologique qui caractérise la manière de Dostoïevski, et dont Sartre déplore l'absence totale dans le roman de Mauriac, est savamment entretenu grâce au maintien d'un unique point de vue. Mais à partir de là tout se gâte, car le « je » auquel on doit la chronique disparaît pour toujours au bout de trois chapitres, sous prétexte que les événements étant maintenant de notoriété publique, ils peuvent fort bien se raconter sans lui. Dès le début de la troisième partie de *La Boiteuse,* en effet, le narrateur honnête et scrupuleux est définitivement évincé par l'auteur de droit divin qui, lui, n'a pas besoin de justifier son point de vue, puisqu'il réside dans un nulle part transparent où il a de partout, à tout instant, la connaissance du dehors et la révélation du dedans.

La plupart des critiques qui notent ce bizarre passage du « je » au « il » n'y voient bien entendu qu'une banale inadvertance, mais comment les suivre, quand on constate dans un autre roman de l'auteur exactement la même anomalie ? Il s'agit cette fois des *Frères Karamazov,* où le récit se partage également entre deux narrateurs différemment situés, l'un qui, étant originaire du même « gouvernement » que le héros, connaît par ouï-dire les tenants et les aboutissants du drame ; l'autre, qui le relaye au quatrième chapitre et porte sur la suite des événements non plus les yeux sensibles de l'observateur, mais le regard infaillible du voyant. Le premier présente toute l'affaire avec la prudence et la réserve d'un simple témoin ; le second la retrace dans les moindres détails, du haut du ciel où on ne sait quel dieu lui en accorde la vision totale. Ici toutefois l'étourderie explique difficilement l'incohérence flagrante du récit, car le « je » dubitatif du début ne disparaît pas complètement, il revient de temps à autre mêler ses réticences aux certitudes absolues du « il » transcendant, comme si l'auteur, se rappelant vaguement son premier projet, devait sans cesse l'écarter pour satisfaire aux exigences de sa propre divinisation.

Bien que Dostoïevski soit sur cet article spécialement démonstratif, il n'est pas le seul, tant s'en faut, chez qui le totalitarisme de l'inspiration l'emporte trop souvent sur le souci de logique et d'unité. Au grand siècle du roman, la plupart des écrivains auxquels le genre doit sa fortune inouïe cèdent plus ou moins à la tentation d'être dans leur œuvre le tout-puissant démiurge ; et exception faite de ceux qui se sentent obligés de soumettre le romanesque massif à la seule règle épique capable de le discipliner, aucun ne paraît avoir conscience du grave préjudice esthétique qu'il cause par là à ses écrits.

Balzac, modèle du romancier visionnaire et fécond, fait montre à cet égard d'une insouciance positivement admirable ; se promenant où bon lui semble dans le champ immense de ses histoires, il choisit le point d'où il peut tout savoir, ou au contraire d'où rien ne lui apparaît clairement, de sorte que, tour à tour omniscient et à demi ignorant de ce qui se passe, il peut flotter librement sur les hauteurs et mener son petit monde à la baguette de sa magie (ou à coups de sa célèbre canne, qui avec sa devise présomptueuse faisait dire mélancoliquement à Kafka : « Sur la canne de Balzac : je brise tous les obstacles ; sur la mienne : tous les obstacles me brisent »). Le voilà par exemple dans une rue de Paris, marchant la nuit derrière un passant inconnu. Qui est cet homme ? Que fait-il ? Où va-t-il ? Pourquoi jette-il autour de lui des regards si bizarrement méfiants en traversant ce pont désert ? Le narrateur n'en sait rien, le passant lui est vraiment inconnu, il l'a vu tout à coup surgir des ténèbres et s'il lui a emboîté le pas, c'est que le peu qu'il voyait de lui laissait pressentir un mystère. Très bien. Maintenant on s'attend qu'il poursuive sa filature jusqu'au moment où l'homme, ayant atteint son but, disparaîtra probablement de sa vue. Mais pas du tout, l'homme entre dans une maison, et au lieu de rester à l'extérieur, comme sa situation l'y obligerait logiquement, le narrateur pénètre avec lui dans une pièce pleine de gens où, d'étranger qu'il était, il devient en un clin d'œil le génie familier du lieu, un génie invisible, impalpable et favorisé de surcroît d'une fabuleuse extra-lucidité. Alors qu'un instant auparavant l'homme était pour lui sans nom ni visage, à peine la scène a-t-elle changé qu'il se révèle parfaitement initié à tout ce qui le concerne de près ou de loin ; de fait il le connaît jusqu'à sa moelle de personnage balzacien, si bien qu'il est en mesure de communiquer non seulement son identité et les raisons secrètes de sa sortie nocturne, mais les plus petits détails de sa biographie et même les accidents particuliers de sa généalogie — bref tout ce que peut seul savoir sur quelqu'un celui qui l'a créé de toutes pièces de son encre et de son papier. Là encore, l'observateur extérieur, qui fait d'abord fonction de « je » en face du lecteur, est chassé finalement de l'histoire par un « il » doué d'ubiquité et d'un savoir surhumain. Là encore la négligence ou l'étourderie masque la volonté de l'auteur de dominer totalement la vie, quitte à perdre en échange une bonne part de son crédit.

La trivialité esthétique du roman tient essentiellement à ces relations paradoxales avec le réel, qui entraîne le genre tout entier bien au-delà de ce que le récit traditionnel eût pu imaginer ou même juger désirable. Tandis que le récit classiquement défini puisait dans la *littérature* les normes techniques propres à lui garantir une *forme*, le roman récent prétend prendre à même la *vie* les *forces* brutes qu'il veut rendre agissantes, c'est la force, non la forme qui est sa véritable aspiration, et peu lui importe que son art en souffre, puisque ce qui compte maintenant à ses yeux n'est plus l'achèvement de l'œuvre selon des modèles éprouvés, mais la quantité d'énergie empruntée directement à la nature et à la société qu'il se croit à même de capter. Dans cette perspective, on conçoit très bien que Tolstoï, dès l'instant qu'il décide d'écrire *Guerre et Paix*, n'ait cure des considérations qui guidaient encore un Swift ou un Defoe dans la composition de leurs écrits. En tant que maître absolu de sa fiction, auquel l'Histoire elle-même doit se plier, il faut qu'il puisse savoir ce qui se passe dans toutes les têtes, sur toutes les scènes, dans tous les lieux où il jette sa population ; qu'il puisse être partout à la fois ou s'arrêter quelque part, sans avoir à justifier la disproportion de ses diverses parties ; s'appesantir autant qu'il veut sur une insignifiante affaire domestique, ou au contraire expédier en quelques lignes vingt ans de la vie de son héros ; abandonner la chambre où il s'est attardé, par plaisir apparemment, à décrire en long et en large la toilette d'une petite fille, pour courir tout à trac sur le champ de bataille de Borodino ; enfin savoir exactement ce que pense le cosaque Lavrouchka pendant son entretien avec Napoléon, ce qu'il dit et garde pour lui, ce que l'Empereur répond, à quel moment l'interprète sourit, et pourquoi Thiers, qui rapporte l'anecdote en se fondant sur son pauvre savoir d'historien, en fournit une version tendancieuse, erronée de bout en bout. — Tout cela le romancier doit pouvoir se le permettre sans s'exposer aux rigueurs et aux chicanes de la censure, il en a le droit, et plus il est fort (au siècle du roman, la force est vraiment le principal), moins il a de scrupules à s'imposer en détenteur d'un pouvoir spécial, littéralement illimité. Il en a le droit, ou plus exactement il a au plus haut point l'art de le suggérer, et à côté de cet art-là, qui lui vaut en effet un immense empire sur les contemporains, et une place imprenable dans l'histoire de l'esprit, ses pires trivialités comptent si peu qu'on ne juge pas même utile de les lui pardonner.

N'empêche : quand je lis dans Thomas Mann : « Chut ! Nous allons regarder dans une âme ! » ou dans Balzac : « Elle avait ce pas léger qui est propre à toutes les Parisiennes entre 10 heures et 10 h 1/4 du matin... » — la niaiserie du propos — une âme ! toutes les Parisiennes à la même heure exactement ! — me fait tomber le livre des mains (après quoi il est vrai je le reprends et recommence à le dévorer).

*

Les textes et le temps. — Qui eût dit il y a vingt ans que les romans policiers de la « Série Noire », spécialisés dans l'étalage de la dépravation, perdraient un jour assez de leur noirceur pour prendre un air presque édifiant ! L'éternel héros de J.H. Chase, un tueur aussi cruel que stupide, nécessairement perdu par l'éternel féminin (à l'instigation d'une femme fatale ardemment désirée, il met soigneusement au point un meurtre parfait propre à lui assurer tout à la fois l'impunité et le magot du mari gênant ; puis une fois le meurtre accompli, il voit tous ses calculs réduits à rien par l'apparition finale de l'amant, auquel la femme réservait de tout temps et elle-même, et l'argent), ce costaud débile, fascinant à force d'inconscience, représentait naguère à peu près le pire dans l'ordre de la déchéance et de l'horreur. Aujourd'hui il apparaît sinon blanchi, du moins comme revalorisé par la fatalité toute mécanique qui préside à l'enchaînement de ses forfaits et travaille lentement à le broyer. Plutôt que de vulgaire voyou, il fait figure de héros « œdipien » poussé par une abominable transgression à la limite de l'humain. Si empêtré qu'il soit dans le bourbier de son Inferno minable, il devient exemplaire du seul fait de sa démesure qui, infiniment plus grande que lui, le rend digne enfin des puissances furieuses de la Tragédie (ce qui n'implique nullement une réévaluation littéraire de son cas, cela va de soi).

*

A l'opposé de cette réparation du prosaïque à quoi conduit sans doute un certain changement des mœurs, je note pour moi une dégradation du poétique, en tant qu'il vise aux grandes synthèses ou aux grands chocs d'idées. Quand je lis l'un des nombreux Aphorismes de Novalis, où le verbe

« être » de l'ontologie fixe autoritairement les rapports du haut et du bas — par exemple : « La poitrine est le sein élevé à la hauteur du mystère » (il y en a bien d'autres sur le même modèle, car ici l'analogie est ouvertement un système) —, ce vague élevé à la hauteur du vrai affecte désagréablement mes nerfs intellectuels, et je me demande en quoi j'ai pu jadis le trouver admirable. C'est qu'entretemps Kafka est venu remettre les Romantiques allemands à leur place, d'abord chez eux, en exaltant la prose incorruptible de Kleist, par quoi la complaisance de la leur est véritablement accusée ; ensuite chez nous, en nous faisant mesurer toute espèce de grandiose approximatif aux rigueurs de sa propre loi.

*

Lénine à Zurich. — Ne serait-ce pas plutôt Soljenitsyne en octobre 17, se préparant à quitter Zurich pour aller prendre le pouvoir en Russie ? Installé dans le corps et dans la tête de Lénine, le biographe n'ignore rien de ce qui s'y passe à toute heure du jour ou de la nuit, il est là absolument comme chez lui, et peu lui importe qu'il en ait le droit ou non, peu lui importe même qu'une identification aussi totale avec un personnage historique — et lequel ! — puisse le rendre suspect de légèreté. Il sait, lui, qu'il connaît de l'intérieur non seulement les pensées conscientes que son héros n'a pas exprimées, et les inconscientes qu'aucune sténographie n'est en mesure d'enregistrer, mais ses maux de tête lancinants, le froid qui lui transperce les os, ses malaises passagers, et jusqu'aux souffrances liées aux prodromes de sa maladie. Il sait tout cela et il le dit avec le sans-gêne ingénu (ou la roublardise à demi voulue) du grand romancier représentatif du siècle dernier : ayant dans la puissance de sa vision et l'importance de sa mission une foi absolue, il s'entend à donner l'impression que le vivant, qu'il a le don de recréer, est aussi la substance de la vérité. Le plus fort est qu'avec ce procédé indéfendable de tous côtés — là-dessus pour une fois l'histoire et la littérature sont d'accord —, il parvient en effet à insuffler à son *Lénine à Zurich* une telle surabondance de vie qu'on se laisse aller à y croire, sans cesser pour autant de ressentir tout le faux qu'implique pareille licence romanesque (le lecteur qui, dans une lettre au *Monde,* proteste contre les « gros mots » dont Soljenitsyne parsème les propos de son héros, est absolument à côté de la question : l'auteur ici se moque complètement de la véracité de son compte rendu ; il pétrit son bonhomme avec la matière qu'il a lui-même choisie et le fait tenir debout à son idée. C'est à prendre ou à laisser).

*

Le présent est obscur, et d'autant plus que nous sommes contraints de nous aveugler sur sa limpidité. Non que le présent lui-même nous induise en erreur ; s'il est obscur et paraît transparent, c'est moins par une disposition spéciale de sa nature qu'en vertu d'une loi de la nôtre, qui nous assigne à résidence dans le passé de nos images intérieures, tout en nous faisant croire que nous sommes au jour de nos calendriers. Comme le dieu des théologiens, l'événement actuel nous reste donc constamment caché, nous ne nous persuadons du contraire qu'à cause de l'épaisse couche de mots que nous plaquons sans cesse sur son opacité (en ce sens il n'y a pas d'information qui ne tue l'actualité puisque, préjugé sitôt que parlé, l'événement le plus récent réintègre l'ordre spirituel du passé).

*

Si tant est qu'elle ne se fasse pas simplement au hasard, ou au gré des circonstances qui l'imposent çà et là à un moment donné, la translittération des œuvres s'opère selon des règles si capricieuses qu'on ne voit pas trop comment les formuler. Des auteurs que l'on jugerait à première vue peu exportables, à cause du fort accent étranger qu'ils gardent jusque dans les meilleures traductions, ou parce qu'ils doivent leur singularité à des conditions de vie et de création étroitement locales, passent les frontières sans encombre et se répandent avec succès dans le vaste monde — parfois d'emblée, parfois bien après le début de leur célébrité chez eux, parfois au contraire bien avant qu'ils n'aient été reconnus et compris dans leur domaine national (c'est le cas de Kafka, qui il est vrai n'a pas de chez lui et n'a jamais été célèbre qu'*ailleurs,* en dépit du mot de Franz Werfel, Pragois comme lui, qui prédisait que « personne ne comprendrait jamais Kafka au-delà de Tetschen-Bodenbach » ; il est vrai qu'ici la perfection de la forme atténue fortement tout ce qui, révélant ce milieu extravagant, peut passer au-dehors pour de la bizarrerie). D'autres, en revanche, qui semblent devoir parler aux hommes de partout, grâce à une œuvre exempte de couleur locale et d'idiotismes par trop alambiqués, piétinent indéfiniment aux portes de la bibliothèque universelle et ne trouvent pas même accueil chez leurs plus proches voisins. Comment expliquer qu'un Lichtenberg, par exemple, n'ait à aucun moment vraiment pris pied en France, alors que depuis deux siècles la philosophie allemande envahit périodiquement notre langue, en y causant du reste de véritables ravages ? Outre l'avantage de ce style concis, incisif, rayonnant d'intelligence et de clarté logique, dont en d'autres temps les Français passaient pour être spécialement friands, Lichtenberg a pourtant encore à son actif le fait qu'à deux siècles de distance, il touche de près à notre actualité, ne serait-ce que par les contradictions de son tempérament intellectuel, qui le portent à la fois à un rationalisme rigoureux et à une forme de pensée passionnée, attirée lucidement par les aspects nocturnes de la psyché. Car l'inventeur du fameux « couteau sans lame auquel il manque le manche » n'est pas seulement le spécialiste de l'humour noir qu'André Breton célèbre dans son Anthologie ; c'est aussi un écrivain voué au démon de la littérature, rêvant d'une œuvre qu'il n'a jamais écrite et dont ses *Aphorismes* ne sont que les lignes volontairement brisées ; un penseur libre, guéri par la possession d'un authentique savoir scientifique et plus encore par la souffrance peut-être, des préjugés de nation, de caste, de race, que ses successeurs les plus réputés pour l'audace de leurs théories (Hegel !) prennent si souvent pour d'intangibles vérités ; un rêveur enfin, qui ne cherche pas au fond de ses rêves la fleur bleue de Novalis ou le Paradis perdu de Jean-Paul, mais, comme Freud exactement un siècle plus tard, l'en deçà, l'en dessous de soi-même que les Lumières du temps n'ont ni le moyen, ni l'envie, ni le courage d'explorer. Pourquoi ce philosophe profond, mais clair, triste de cœur, mais gai d'esprit, curieux de tout ce qui touche au langage, mais absolument innocent des crimes pendables contre la langue que tant de philosophes allemands ont sur la conscience — pourquoi ce poète intelligent est-il apparemment destiné à rester à notre porte, quoi qu'on tente pour le faire entrer ? Est-ce justement à cause de sa clarté, parce que ses Aphorismes repoussent idées toutes faites et théories, ou parce qu'il appartient à une époque démodée ? Je ne sais pas, et de toute façon je ne prends là qu'un exemple — un exemple fâcheux, il est vrai, si l'on pense que, même dans des milieux en principe bien informés, l'un des noms les plus brillants de la littérature allemande n'éveille quelque écho ici que parce qu'on le confond avec celui de Lichtenberger, assurément l'un des plus ternes de la nôtre.

*

Suite à l'obscurité des temps. — Il n'y a pas mieux que les romans de science-fiction pour nous forcer à reconnaître les limites de notre imagination.

Quand on croirait encore à l'imagination postulée par le romantisme, ces ouvrages de haute fantaisie conçus pour invoquer des « plus tard » terrifiants devraient suffire à désillusionner, car s'ils démontrent quelque chose, c'est justement qu'en dépit de tous nos efforts, nous n'imaginons jamais qu'un « avant » — sous des formes assez variées, il est vrai, pour camoufler en libre mouvement l'immobilisme de notre psyché. Si loin qu'elle semble aller dans l'anticipation, grâce à un attirail technique complaisamment étalé qu'elle n'invente d'ailleurs pas, mais déduit de celui qui est déjà en usage, la science-fiction trahit dans ses thèmes favoris une fonction essentiellement rétrograde : en fait elle va à rebours du temps pour répéter à satiété les mythes archaïques où l'imagination humaine semble s'épuiser (c'est d'ailleurs la vraie raison de son attrait), et ce qu'elle annonce n'est pas du tout la terreur de la fin, mais la peur ancestrale des commencements, la fascination de l'abîme où séjournent les Titans originels, l'épouvante du Chaos et la nostalgie de l'incréé. Elle a beau raffiner sur l'extra-terrestre, ses monstres bardés de gadgets et ses créatures innommables dissimulent mal leur parenté avec les dragons malfaisants du répertoire immémorial : disposant de forces prodigieuses capables de ramener le monde au néant d'avant la Genèse, ils méditent les mêmes forfaits, suscitent les mêmes héros et provoquent les mêmes combats non point au-delà, mais bien en deçà de tout le temps écoulé dans l'Histoire. N'était le jargon à quoi le genre les oblige, Hercule y reconnaîtrait sans peine son Hydre, Œdipe son Sphinx, Siegfried le dragon dont le sang rend invulnérable, et le jeune homme des Contes la bêtes immonde qu'il faut exterminer pour conquérir le droit de grandir. Don Quichotte jugerait sans doute ces nouveaux romans de chevalerie très inférieurs aux siens sous le rapport du langage, mais outre qu'il serait ravi d'y retrouver ses chimères et ses andryargues, fût-ce sous un aspect plutôt rébarbatif, il pourrait se féliciter de voir la science-fiction confirmer la grande loi dont il apporte sans cesse la révélation : c'est que dans notre grammaire psychique élémentaire, qui nous permet de parler au présent, et nous contraint à notre insu à penser au prétérit, le temps futur n'a pas été prévu et ne se conjugue jamais que sur le modèle du passé.

*

« Lecture de *Madame Bovary* » à la Télévision. Pierre Dumayet a invité trois habitants d'un village bourguignon à lire le roman et à le commenter. Chacun a consenti à noter les passages qui lui plaisent ou le retiennent en quelque façon, puis à s'expliquer sur les raisons de son choix. Les personnes examinées représentent trois aspects bien distincts de la vie rurale, mais à part leur cohabitation dans le même village, il ne semble pas y avoir entre elles grand-chose de commun. Il y a là une vieille paysanne — je la prends d'abord pour un homme, à cause de sa voix et de son accoutrement — qui pousse sa charrue sans se presser et répond aux questions d'un air mi-amusé, mi-ennuyé, sans doute parce que, si agréable soit-elle, cette rupture insolite du train quotidien la retarde tout de même dans son travail ; une jeune fermière d'allure très citadine à laquelle on hésite d'abord à croire, jusqu'au moment où on la voit traire réellement ses vaches à l'étable ; elle s'exprime avec une certaine aisance, et un accent qui devrait être bourguignon, mais qui, je ne sais pourquoi, me paraît plutôt tenir fortement du russe ; enfin M. de Rambuteau, arrière-petit-fils, paraît-il, du chambellan de Napoléon, pour moi cousin germain du comte de Faverges qui, à un siècle de distance, est encore son frère en esprit. Avant l'intrusion de Dumayet dans leur vie, aucune de ces personnes ne semble avoir eu vent des aventures d'Emma, à part le hobereau peut-être, et encore je n'en jurerais pas, même au vu de la sévère bibliothèque familiale où se déroule une partie de l'entretien. La vieille paysanne a souligné en spécialiste un « reculement » qu'elle juge bien employé et s'amuse visiblement de trouver là ; pour le reste elle sympathise avec Emma, qui après tout est plus à plaindre qu'à blâmer. Emma est jeune et belle, Charles est bête et ennuyeux, Léon est joli garçon, gentil de surcroît, Emma ne peut que lui tomber dans les bras, c'est naturel, c'est même fatal. La fermière montre à cet égard une attitude plus réservée ; pensive, et peu loquace, elle se laisse tirer les mots un à un, comme si à s'exprimer sur ce sujet scabreux, elle risquait par trop de se livrer. Comment se fait-il, lui demande Dumayet avec une pointe de malice, qu'après avoir trouvé tant de choses à noter au début du roman, elle n'ait plus eu un seul sujet de remarques dès l'instant que Rodolphe apparaît ? Elle ne sait pas, vraiment, non, et comme il insiste elle finit par avouer — c'est bien un aveu qu'elle semble s'arracher — que tout l'épisode lui a été désagréable, à cause de Rodolphe justement, qu'elle tient au fond d'elle-même pour un homme méprisable. Et pourquoi donc ? Il n'a pas de cœur et il est bas, la preuve, c'est qu'au moment où il semble le plus épris d'Emma, il songe déjà au meilleur moyen de la lâcher, quand il aura épuisé ses charmes. — Quant au hobereau, l'histoire d'amour ne semble pas beaucoup l'intéresser, en revanche il est ravi de pouvoir vitupérer Homais, qu'il accuse d'« anticléricalisme primaire et viscéral », tout en laissant entendre que, malheureusement, cette triste engeance n'est pas si totalement éteinte qu'on veut le croire aujourd'hui. Chose remarquable, il est le seul à profiter de l'occasion pour faire connaître ses « idées », les deux femmes n'ont que des sentiments, et de la morale.

Mené au rythme qu'impose le décor, sur un ton juste, véritablement amical, le petit psychodrame n'est certes pas de ceux qu'on organise pour y déchaîner les passions. D'ailleurs ce n'est pas son but, il vise tout au plus à faire surgir çà et là un geste, un sourire, un étonnement, un embarras, et grâce au tact du metteur en scène, ce peu vaut bien une démonstration, sans en avoir la pesanteur. — Mais, dira-t-on, où est Flaubert, où est la littérature dans tout cela ? Nulle pas, bien sûr, et comment croit-on qu'ils auraient pu entrer dans ce monde impréparé, où l'entremise du langage entre le vécu et le rêvé est si peu nécessaire qu'elle paraît plus gênante que souhaitée ?

*

Toujours à propos de ce que les Allemands appellent la « Rezeption » des œuvres étrangères (ils « reçoivent » beaucoup, d'où l'utilité chez eux de ce secteur spécial de la recherche). — Parmi les écrivains qui ne parviennent pas à se faire un nom hors de leur sphère locale, malgré ce qu'ils semblent avoir d'accessible partout, le plus malchanceux est sans doute le poète alémanique Robert Walser ; il est vrai que ce vagabond incurable, romancier génial de la grâce d'échouer, a travaillé plus que personne à n'être dans la littérature qu'une figure effacée, à peine entrevue lors de son bref passage sur scène. Incapable de s'adapter à quelque ordre que ce fût, et pour être plus sûr de n'arriver à rien, enseveli pendant trente ans dans les ténèbres d'un asile qu'aucun « poème de la folie » n'est venu déchirer, Robert Walser s'est acharné à faire de lui-même non point certes un vulgaire raté, mais le subalterne absolu, le champion du néant, le volontaire de l'infériorité. Et bien qu'en cela il ait encore échoué en partie, car il compte en pays allemand une poignée d'admirateurs enthousiastes qui le tiennent à bon droit pour un poète incomparable, il a suffisamment bravé les lois du succès pour trouver au moins chez nous la sorte de non-être littéraire dont il se faisait un but (même la dette que Kafka eût pu jusqu'à un certain point se reconnaître envers lui ne lui a pas profité : ma traduction de son chef-d'œuvre — *Jakob von Günten,* intitulé *L'Institut Benjamenta* en français — et les quelques textes en prose que j'ai publiés en revue n'ont guère touché que de rares lecteurs, doués sans doute pour découvrir sous sa légèreté la pudeur de l'écorché ; mais la critique ne lui a pas consacré trois pages, et depuis cette vague percée, le silence s'est refermé sur lui).

En dehors des particularités de caractère qui jouent ici un rôle si évident, la non-existence de Walser en France s'explique sans doute par le fait très général qu'une œuvre écrite et publiée sans le soutien d'un auteur, d'un éditeur, d'une quelconque annexe sociale ou d'un mouvement suffisamment combatif, peut certes avoir sur place un retentissement proportionné à sa valeur, mais non point dans le reste du monde, où l'inconnu risque fort de le rester si quelqu'un d'autre — ami, disciple, traducteur — ne prend sérieusement son affaire en main (n'eût été la désobéissance de Max Brod à ses dernières volontés, Kafka eût certainement connu le sort de Walser, auquel il aspirait d'ailleurs au fond pour tout ce qui, en lui comme dans son œuvre, lui semblait réclamer le silence).

Bien entendu le cas de Walser reste exceptionnel, en général l'interdit dont souffre ici ou là un auteur étranger a des causes beaucoup plus extérieures, — le chauvinisme par exemple, qui à certaines époques au moins a sûrement conduit sur le moment, et quelquefois pour longtemps, à rejeter de très grands noms hors de notre circuit. Pourquoi Théodore Fontane, romancier typique de la fin du siècle dernier, n'a-t-il pas pris place en France en même temps que les Russes et les Scandinaves, devant qui les frontières s'ouvraient si largement ? L'importance de son œuvre et sa célébrité locale lui en auraient pourtant donné le droit, seulement voilà, il avait le tort d'être prussien, de peindre avec prédilection les paysages de son Brandenburg natal et d'aimer passionnément Berlin. Envoyé à Paris en qualité de correspondant de guerre, en 1870, il eut de surcroît la malchance d'y être arrêté comme espion, ce qui ne dut certes pas arranger ses affaires dans notre pays. Et quoique la Prusse ait disparu des cartes géographiques et des ressentiments, la proscription dont Fontane était l'objet de son temps n'a été levée à aucun moment : son œuvre, que je sache, n'est toujours pas traduite en français, à croire que le merveilleux artiste qu'est ce Flaubert brandebourgeois, exclu de nos collections du « Monde entier », reste sous le coup d'un éternel décret de bannissement.

*

Art et essai. — A l'époque où elle travaillait à son grand traité d'économie politique, Rosa Luxemburg écrivait à un ami — de prison, je crois — qu'elle ne se tiendrait pour satisfaite que lorsque cet essai particulièrement ardu aurait atteint la forme parfaite du poème — non qu'elle crût bon de mitiger par des élégances de style le côté rébarbatif de son sujet, mais elle était persuadée que si elle ne parvenait pas à proportionner son travail littéraire au but cherché, et à créer pour chaque partie de l'ouvrage le ton et la forme absolument adéquats à l'idée, même les vues théoriques dont elle était le plus certaine y perdraient en vérité. — Avec cela l'ouvrage en question n'était pas fait pour le public ; il était, dit-on, d'une lecture si difficile que seuls deux ou trois théoriciens marxistes spécialement versés dans la matière étaient en mesure de le comprendre à fond.

*

Je me sens presque toujours attirée *a priori* par les gens qu'ont admirés ceux qui, justement, me paraissent le plus dignes d'admiration (l'exception à la règle est de taille : c'est Goethe, dont le formidable empire sur tant d'esprits vraiment libres me paraît proprement inexplicable, là, je ne sais trop pourquoi, je me cabre et ne suis pas). Lorsque mes raisons personnelles d'admirer existent déjà en elles-mêmes, et assez fortement pour n'avoir pas besoin de confirmation, il me semble qu'en parcourant cette chaîne continue d'admirations qui, dans l'ordre de l'esprit, remplace celle des générations, elles se chargent d'une énergie puissante, impersonnelle celle-là, où elles puisent un surcroît de sens et une nouvelle solidité. Que Flaubert exprime toujours avec la même émotion son amour de Cervantès ; que Georg Büchner élève à Lenz le monument extraordinaire où la vie en lambeaux du malheureux poète trouve enfin la mesure de son destin ; que Brecht traduise Villon et Baudelaire Edgar Poe ; que Kafka dresse à Strindberg une gigantesque statue dans les bras de laquelle il se voit blotti comme un enfant apeuré —, et quelque chose se crée à tous les bouts du temps qui n'est pas seulement, qui n'est pas du tout un chapitre de l'histoire littéraire parmi d'autres, mais bien la littérature elle-même, le fait littéraire essentiel, pour lequel nous n'aurions peut-être pas encore de nom, n'était cette intense circulation d'idées et d'affects que les plus grands ne cessent d'activer.

*

Si exaltante que soit l'admiration d'un écrivain pour un ancien ou un moderne que l'on juge admirable, elle ne va pas sans quelque trouble lorsqu'elle porte sur une petite marotte personnelle dont on a peine à croire qu'elle puisse avoir été partagée. Ainsi je suis fascinée depuis longtemps par un épisode du Livre des Juges qui, vu le cynisme tout moderne avec lequel il conte d'incroyables atrocités, me paraît poser une véritable énigme (c'est le récit de ce qui arrive au Lévite d'Ephraïm lors de son bref passage chez les Benjaminites. Sommé de sortir de la maison où il est hébergé pour satisfaire à la concupiscence de ces sodomites enragés, le Lévite leur livre tranquillement sa concubine, puis se recouche et dort sans remords jusqu'au matin. Le jour venu, s'apprêtant à continuer son voyage, il trouve la femme morte couchée devant la porte, la charge sans mot dire sur son âne et la ramène au trot chez lui. Après quoi il dépèce proprement le cadavre — « os par os », dit la Bible — et en fait douze morceaux qu'il envoie tout droit aux douze tribus d'Israël). Que vient faire une pareille histoire dans le contexte du livre sacré ? Quelle signification peut-on lui attribuer, hormis celle qui paraît clairement dans le simple énoncé des faits ? Pour quelles raisons l'a-t-on en quelque sorte canonisée ? Aucun symbole n'en fournit la clef, elle ne fait appel ni à la compassion, ni à l'indignation, ni même au plus élémentaire sens moral, elle n'enseigne rien, sinon peut-être qu'il vaut mieux laisser violer une femme que de violer les lois de l'hospitalité. Il y a vraiment là de quoi retenir l'attention, pourtant à la différence de tant de personnages bibliques magnifiés par l'image et la littérature, le Lévite d'Ephraïm est resté voué à l'obscurité, jamais personne ne s'est inspiré de ses aventures, fût-ce pour déchiffrer le secret de leur étrange cruauté. Je croyais donc être la seule à tenir l'histoire pour un petit chef-d'œuvre, mais je me trompais fort, car en relisant par hasard les *Confessions,* avec plus d'attention sans doute que je ne l'avais fait jusque-là, je m'aperçus que Rousseau en avait été lui aussi positivement saisi, qu'elle l'avait absorbé toute une nuit et qu'il s'était finalement débarrassé de son obsession en traitant le même sujet dans l'un de ses écrits (*Le Lévite d'Ephraïm,* tout simplement, pour lequel il gardait, dit-il, une grande prédilection). Il est vrai que ce qui poussait Rousseau à tirer le Lévite de l'oubli n'était pas le contraste entre la barbarie du contenu et l'étonnante modernité du récit, il voulait au contraire exorciser le démon biblique, ou à tout le moins le purifier en le lavant dans l'eau lustrale de sa propre sensibilité.

*

Je devrais être très affectée par l'énorme masse de livres à lire, que je n'ai pas lus, et pourtant je ne le suis pas, car pour les uns, c'est trop tard de toute façon, pour les autres il sera toujours temps, et pour beaucoup enfin, je me console facilement de les ignorer en considérant tous ceux que j'ai sans cesse envie de relire, et que je relis en effet quelquefois jusqu'à la nausée.

*

Les grands livres changent la vie, les bons l'éclairent, les mauvais l'attristent non seulement parce qu'ils sont mauvais, et qu'ils prolifèrent, mais parce qu'ils ont toujours quelque côté par où l'on pourrait les avoir écrits.

*

A tout prendre, le nouveau en littérature n'a jamais que deux façons de se manifester : ou bien il déclare l'ancien périmé et se substitue à lui sans autre forme de procès ; ou bien il le maintient d'abord solidement en s'inspirant de ses thèmes et de ses procédés, non pour en confirmer une fois de plus l'immuabilité, mais au contraire pour les forcer à produire au grand jour ce qu'ils ont de faux et de caduc sous leurs airs d'éternité. Dans le premier cas, le nouveau publie en toute hâte — la hâte est sa fatalité — l'acte de décès qui va en quelque sorte légaliser son règne ; après quoi, persuadé que sa proclamation purement verbale est déjà réalisée, il se conduit ou plus exactement s'écrit comme si l'ancien était vraiment mort et définitivement hors d'usage. Dans le second cas, le nouveau prend son temps et ne fait pas de tapage ; sachant combien l'ancien est peu touché au fond par les remous de l'avant-garde agitée, et combien de fois déjà il a survécu aux révolutions, il s'emploie à le combattre en faisant acte de soumission, c'est-à-dire en l'imitant de manière à démonter et l'appareil de ses vérités stéréotypées, et les raisons profondes qui lui permettent de fonctionner. Logé au cœur de l'ennemi dont il feint d'être le disciple pieux pour mieux le contraindre à l'aveu, il peut enfin tenter de surprendre les lois cachées de notre archéologie. Peu lui importe à ce poste d'observation de s'imposer ou non comme créateur d'inédit, il tient avant tout à saisir sur le vif l'étrange conjugaison de l'ancien et du nouveau qui préside à la fabrication de toutes nos nouveautés, et cela parce qu'il sait qu'il est lui-même, tant qu'il n'a pas démasqué l'escroquerie, la preuve de l'éternelle complicité du temps et de l'intempestif dans l'institution de tous nos calendriers. C'est bien ce que le nouveau de pure propagande a le tort d'ignorer : croyant qu'un mot de lui suffit pour que l'ancien soit dûment mort et enterré, alors que cette croyance naïve est justement la meilleure garantie de sa survie, il se condamne lui-même à n'être bientôt qu'un vieux récent dans le conservatoire inépuisable des choses périmées. Aussi n'y a-t-il en fin de compte qu'un seul nouveau possible en littérature, et c'est le *démonstratif*, qui parvient à profiter de l'ancien, d'abord en le contraignant à se détruire lui-même, puis en lui arrachant le secret de sa durée.

*

Le premier venu devient quelqu'un dès l'instant qu'un contemporain ou un représentant de la postérité s'emploie à raconter sa vie. Pris comme sujet d'une biographie, il entre aussitôt dans une sphère transcendante où l'individu et ce qu'on voit lui arriver forment un ensemble d'un seul tenant, conçu, prévu dirait-on de toute éternité. Peu importe qu'il ait flotté à la dérive dans sa propre existence, ballotté çà et là au gré de hasards et d'accidents incompréhensibles ; peu importe même qu'il n'ait laissé à son futur biographe qu'un matériel brouillé, lacunaire, difficile ou impossible à interpréter : en tant que héros d'une histoire composée, il n'en paraît pas moins avoir fait et vécu ce qu'il ne faisait sans doute que subir, dans cette demi-passivité et ce demi-aveuglement qui est le lot du vivant. Le roman qu'on écrit maintenant sur lui ne le sauve pas seulement de l'oubli ; bon ou mauvais, enthousiaste ou réticent, il l'élève de toute façon à l'unité sans faille d'une seconde mort, qui complète la première par un sens enfin bien lisible. De ce point de vue, la biographie la plus banale tient encore de la métaphysique : témoin de la vieille complicité du désir d'écrire et du désir de tuer, elle achève son objet, très proprement, au double sens du mot, en lui donnant le coup de grâce et en le rendant parfait.

*

La catégorie de « l'intéressant ». — Elle tend de plus en plus à évincer toutes les autres dans le lexique de la critique quotidienne, d'abord sans doute à cause de sa commodité, mais aussi parce qu'elle rend d'énormes services à la masse de produits du jour qui n'appellent pas de qualificatifs plus précis. Personne n'aurait l'idée de dire « intéressante » une œuvre classique ou simplement classée, le mot, c'est évident, est strictement réservé à ce qui n'a pas et n'aura peut-être jamais de place dans l'ordre de la durée. Lié à l'apparition de quelque chose dont nul ne sait combien de temps il mettra à passer, l'intéressant laisse en blanc toutes les qualités que l'objet actuel possède au mieux virtuellement, en revanche il souligne à gros traits la seule valeur qu'il puisse avoir à la rigueur, en tant que ce qui se fait aujourd'hui parmi nous, pour nous, à l'image même de nos incertitudes et de notre précarité. L'intéressant expulse du vocabulaire le beau, le vrai, le juste ou le faux, le manqué ou le réussi, pour ne parler que de l'ici et du maintenant où le contemporain trouve une preuve de sa propre existence, et comme une justification, voire une exaltation de son propre flottement dans un présent mal cerné. Il dit en somme qu'il n'y a pas lieu de s'inquiéter, qu'aujourd'hui vaut bien hier, qu'il vaut même plus puisque rien n'en sort qui ne soit formé de notre substance, tramé avec les fils de notre singularité. Mais s'il console le présent en lui montrant l'attrait et l'abondance de ses produits — l'intéressant est aussi nombreux que le vrai est rare —, il a surtout pour but de faire obstacle au jugement, car il n'y a pas de jugement de l'instant en matière de création, afin de pouvoir remplacer les attendus de la rigueur critique par la complaisance vague de l'opinion.

*

Les Cahiers de la Petite Dame. — On est d'abord frappé d'une ressemblance troublante entre les années 30 et les nôtres, puis on s'aperçoit que les points communs si évidents ne font que masquer une différence essentielle, qui à elle seule ruine l'analogie. Certes les discussions qui agitent les esprits dans les milieux littéraires et intellectuels sont pour une part toujours d'actualité ; elles tournent autour du livre de Gide sur l'U.R.S.S. ; des procès de Moscou ; de l'engagement de Malraux ; ou encore de l'avenir de la culture occidentale en face des forces de destruction auxquelles elle semble s'abandonner. Mais tout cela, qui par certains côtés a en effet si peu changé, est pris dans un réseau de relations et un système de langage qui appartiennent déjà presque entièrement à un monde périmé. Car là, les gens ayant de par leur notoriété une sorte de rôle public à jouer parlent tout naturellement du général dans le langage du particulier, jamais, quel que soit leur choix personnel, ils ne puisent leurs paroles dans le réservoir de stéréotypes abondamment fourni par les théoriciens d'un groupe, d'un mouvement, d'un parti. Bien entendu il y a parmi eux des croyants, des sceptiques, des militants et, comme partout, une foule d'indécis, mais les gens du même bord ne forment nullement un bloc, chacun exprime ses opinions dans le langage de l'homme privé, en accord non point avec un discours doctrinal, mais avec son tempérament, ses sympathies et ses aversions, les singularités de sa vie sexuelle et affective, enfin ses bons et ses mauvais côtés. Chacun s'expose et se compromet tout entier, sans se soucier outre mesure des étiquettes méprisantes ou infamantes que les doctrinaires, forts de la confusion qu'ils créent entre le général et le collectif, pourraient bien leur accoler. Aussi, dans ce cercle rigoureusement non spécialisé, les polémiques se font-elles d'homme à homme, même lorsque les grands problèmes du moment y sont remués ; et comme elles se fondent sur l'individualisme radical d'une classe intellectuelle certes gravement troublée, mais sûre encore de la tâche qui lui incombe dans l'assainissement de la pensée (la Petite Dame raconte que Gide, à qui l'on demandait ce qu'il croyait avoir fait de plus utile, répondit qu'à son avis, c'était d'avoir contribué à diminuer la part de l'erreur), on ne peut jamais prévoir qui défendra quelle cause, qui emploiera tels arguments et comment tel débat sera finalement tranché (le louvoiement de Gide en 1940, quand Gallimard décide de faire reparaître la N.R.F., n'est qu'un exemple extrême de cette imprévisibilité de l'intellectuel dans les crises de l'époque : Gide ne cherche pas à se conformer au code et moral et politique d'un parti, fût-il en soi très justifié ; il agit à tort ou à raison, parfois à tort certainement, selon ce qu'il croit devoir à lui-même, à ses amis, à son idéal de la liberté). Il est vrai que l'écrivain non enrôlé, qui refuse de se camper en initié infailliblement informé des fins dernières de l'Histoire, mène déjà un combat d'arrière-garde, à l'écart des troupes bien dirigées. Avec la guerre et les bouleversements qu'elle entraîne de tous côtés, le ton des propos notés par la Petite Dame commence du reste à changer ; sans doute le « je » qui parle est encore bien loin de douter de son identité, mais son langage si fortement différencié, jusque-là absolument non conforme, donne des signes de la faiblesse mortelle qui très bientôt, demain en somme, l'exposera sans défense aux coups massifs de l'idéologie et le forcera finalement à s'uniformiser.

*

Je lis dans un article de presse : « M. X., qui est athée (ou qui croit l'être)... », et un instant la phrase me laisse interdite. C'est pourtant là un argument, si l'on peut dire, auquel l'apologétique plus ou moins déguisée nous a depuis longtemps habitués, mais d'ordinaire on ne l'emploie pas sans quelque précaution, alors qu'ici il s'exprime sans détour, et révèle ainsi toute l'étendue de la confusion liée dans notre vocabulaire aux termes de croyance, d'idée, d'opinion. Car celui qui dénie à l'athée le droit de se connaître lui-même n'est pas seulement remarquable comme zélateur de la foi, un zélateur à qui bien entendu tous les moyens sont bons, y compris le raisonnement spécieux et la mauvaise foi, il l'est aussi bien malgré lui en ce qu'il éclaire l'une des ambiguïtés de notre langage qui créent le plus de vrais et de faux malentendus.

La première de ces confusions n'est pas si subtile qu'il faille pour la saisir une analyse compliquée : elle porte sur le verbe « croire », l'un des plus équivoques, en effet, et le plus propice au jeu des conversions forcées, dont, notons-le, l'impie au sens très large du mot fait toujours seul les frais. Le croyant croit, le verbe croire est son affaire, en cela sa compétence est incontestée, personne ne songe donc à le convaincre qu'au fond il ne croit à rien et que sa profession de foi, étant dictée par une vulgaire illusion, n'a pas la dignité d'un authentique fait d'opinion. On peut naturellement attaquer la croyance elle-même, nier la réalité de son objet, discuter ou refuser la vision du monde qu'implique la religion, mais on ne peut pas ne pas croire le croyant sur parole lorsqu'il se déclare tel publiquement, c'est impossible puisque dans ce domaine l'acte de foi n'est rien d'autre que la parole elle-même. Il n'est besoin que de dire : « je crois » pour faire acte de croyant, la phrase transforme immédiatement l'intention en fait, et ce fait-là, contrairement à la croyance subjective, qui elle n'a aucun moyen de se prouver, est tout aussi indubitable que n'importe quel événement dans l'ordre des choses tangibles et datées. De même que la phrase de l'homme d'État : « Je déclare la guerre » ne fait qu'un avec l'acte qui déclenche les hostilités, de même le « credo » opère immédiatement la conversion, et seule l'abjuration peut en détruire l'effet. La déclaration de guerre et la profession de foi ont ceci de commun qu'elles créent l'événement dans le temps qu'il faut pour en faire l'énoncé, elles sont donc hors de doute, quel que soit d'autre part leur bien ou leur mal fondé. La critique ou l'analyse du contenu déclaré n'abolit pas le passage à l'acte qu'implique toujours le mode déclaratif, elle est certes en droit d'expliquer le credo par l'organisation psychique et l'histoire du fidèle, mais non pas d'en tirer argument pour lui dénier sa valeur absolue en tant que discriminant formel (on le savait bien du reste aux époques de foi et d'Inquisition, où le credo, investi du pouvoir de discriminer entre l'adepte de la vraie foi et le mécréant, pouvait toujours perdre ou sauver).

Bien que la vertu opératoire du « credo » aille en s'affaiblissant à mesure que la religion s'efface devant ses formes sécularisées, elle reste néanmoins assez forte pour agir dans l'énoncé de toute opinion, de toute conviction, de toute idée, par quoi le sujet qui parle veut *se classer*. A qui se déclare expressément existentialiste, ou communiste, ou royaliste, on peut évidemment opposer une foule d'objections selon le point de vue d'où l'on entend juger ; on peut représenter au partisan ou à l'adepte que son choix est détestable, lui reprocher de ne pas mettre ses actes en accord avec ses idées, voire lui démontrer qu'il ignore tout des raisons profondes qui le poussent à adhérer ; mais en aucun cas on ne peut lui ôter l'étiquette dont il a fait choix pour se désigner, en aucun cas on ne peut lui dire que son adhésion de principe n'a en réalité jamais eu lieu. Personne n'imaginerait d'écrire : « M. X., qui est protestant (ou qui croit l'être)... », parce qu'on sent bien qu'ici, l'énoncé déclaratif implique vérité, indépendamment des crises de conscience, des intérêts et des illusions qui peuvent faire douter de son contenu. Mais si cette loi du langage est généralement respectée comme cela même dont les attitudes individuelles tirent leur spécificité, on n'a guère de scrupules à la tourner pour ceux qui font profession d'impiété : ceux-là ne sont pas crus lorsqu'ils affirment ne croire à rien, leur parole ne compte pas et reste inopérante, sans vigueur pour désigner clairement le côté du monde où ils choisissent de se fixer. Alors que la parole du croyant n'est jamais sujette à caution, quoiqu'elle se réfère à d'improuvables au-delà, celle de l'athée ou du sceptique est suspecte par définition, et d'autant plus semble-t-il qu'elle s'affirme sans ambiguïté. C'est là en somme la revanche de la foi sur la non-foi qui lui est opposée : en décrétant que l'incroyant ne sait ni ce qu'il dit ni ce qu'il fait, mais croit seulement ne croire à rien, elle le replace *in extremis* sous la dépendance du verbe « croire » dont justement il se déclare affranchi.

Le plus bel exemple de cette incrédulité dont l'incrédule vivant ou mort est l'objet (le mort en est évidemment la victime toute désignée), on le trouve dans l'attitude de nombreux exégètes à l'égard de Freud, l'un des hommes dont l'œuvre est sur ce point la moins facile à solliciter. Tout le monde sait qu'en théorie comme en pratique, Freud n'a jamais dévié de l'agnosticisme en quoi il avait vu de bonne heure la condition première de la santé, il le dit du reste à toutes les époques de sa vie : il ne croit à rien de ce qu'enseignent les religions et les philosophies, et à la différence de tant d'autres, chez qui l'abandon de la foi entraîne toutes sortes de débats et de crises de conscience, il s'exprime là-dessus avec une telle sérénité que force est bien d'admettre qu'il n'en éprouve ni remords ni regrets. On pourrait supposer qu'un homme aussi décidé, et aussi ferme dans l'expression des idées, dût décourager par avance les entreprises de conversion auxquelles le réfractaire illustre est spécialement exposé. Pourtant c'est le contraire qui se produit, car non seulement la parole de Freud n'est pas prise au sérieux, mais on écrit des livres pour assimiler le découvreur de l'inconscient à un mystique authentique qui, pour des raisons personnelles et par faiblesse envers la science de son temps, a jugé bon de se camoufler en parfait mécréant. La preuve ? Le fait incontestable qu'il s'intéressait aux rêves, aux aspects obscurs de la psyché, aux superstitions — les siennes, dont il ne s'est jamais débarrassé, comme celles des autres, qu'il analysait —, enfin à tous les phénomènes troublants et aberrants par quoi le divin se révèle à l'homme terrifié. Peu importe que Freud ait protesté de tout temps contre cette façon d'interpréter ses intérêts scientifiques, il n'a en la matière aucune espèce de crédit, et sa protestation fournit une preuve de plus de l'aveuglement dont il était frappé.

Sur la foi qu'il prête ainsi à Freud à son corps défendant, l'apologiste ne se soucie pas de fournir la moindre précision, d'abord naturellement parce qu'il aurait du mal à en donner, ensuite parce qu'il est bien convaincu que n'importe quel « credo », fût-il si vague et si négligeable pratiquement, vaut encore beaucoup mieux qu'aucun credo du tout. L'opération n'a d'ailleurs pas exactement pour but de restituer à la foi une âme égarée, ce qu'elle vise bien plutôt à travers Freud, c'est le mouvement général de sécularisation de la pensée, dont il est en effet l'un des pionniers les plus radicaux. Car si même ce grand démolisseur de l'illusion religieuse était croyant sans le savoir, ou plus exactement s'il croyait contre lui-même et ce qui lui tenait le plus au cœur, alors tout le monde croit en quelque façon, il n'y a plus lieu de distinguer entre les opinions et ce qu'on appelle l'histoire des idées n'est plus qu'un mythe à congédier.

*

Le sens affecté au mot « contestation » dans notre emploi courant ne laisse pas de donner à penser. A l'origine c'est un mot faible ; réservé au vocabulaire juridique et à la sphère du raisonnement, il reste très au-dessous de ce qu'on attend de lui lorsqu'on le fait passer de la dispute privée au fracas des explications publiques. Pourquoi a-t-on choisi un mot aussi insignifiant, de préférence à tant d'autres qui eussent rendu le même service, pour désigner un changement aussi lourd de conséquences dans les relations de l'individu et de la généralité ? A cause de sa faiblesse peut-être, parce que l'on sentait bien au fond qu'elle s'accordait au vague de son objet ? L'a-t-on retenu précisément pour son inaptitude à élever la simple altercation au niveau du vrai conflit ? Ou parce que le contraste entre son sens propre et son sens nouveau se prêtait à exprimer toutes sortes d'ambiguïtés ? Quoi qu'il en soit des raisons qui ont déterminé son succès, le fait est que « contestation » ne s'est pas fortifié à l'usage, il est même devenu si chétif en quelques années que le « contestataire » peut dès maintenant se résigner à faire pâle figure dans l'Histoire, aux côtés de l'insoumis ou du révolté.

*

D'où vient que certains mots parfaitement définis, mais dont l'emploi devenu incertain incite perfidement à l'impropriété, jouissent d'une telle faveur dans les discours et les écrits ? « Avatar » par exemple, employé presque toujours par contresens à la place de mésaventure, d'avarie, d'accident ou d'on ne sait trop quoi, est manifestement prononcé et écrit avec une sorte de jubilation que sa rareté toute relative ne suffit sûrement pas à expliquer. Même des écrivains généralement très attentifs ne résistent pas à la tentation. On dirait qu'ici le plaisir pervers de corrompre impunément un mot, fût-ce en n'ayant qu'une vague conscience de l'opération, l'emporte de loin sur la peur de se tromper et de laisser l'erreur non démasquée tomber d'elle-même dans le poncif.

*

Les mots rêvés ne s'écrivent pas n'importe comment, bien que naturellement les lois de leur orthographe ne soient pas fixées. Ainsi « holopenthes », dont j'ai rêvé une fois (« On va vous prendre vos holopenthes », disait quelqu'un dans une cabine d'ascenseur qui, au lieu de monter et de descendre honnêtement, se déplaçait latéralement à l'allure lente du cauchemar), s'écrit nécessairement comme je l'écris ici, je n'en ai jamais douté malgré l'avis contraire de ceux à qui j'ai soumis le cas et que mon orthographe laissait insatisfaits. Les uns voulaient remplacer le *e*, trop muet, par un *a* plus expressif ; les autres tenaient les deux *h* pour un raffinement superflu, toutefois ils ne s'entendaient pas non plus sur celui qu'il y avait lieu d'ôter. On finit donc par accepter ma graphie, du reste il le fallait bien, puisque j'étais la seule à pouvoir juger le mot du lieu où il s'était formé (j'ai compris par la suite pourquoi, avec un *a* et un seul *h*, mes « holopenthes » ne m'eussent plus rien dit : par son préfixe, le néologisme s'associait immédiatement à « holocauste », mais dans sa dernière partie, il entretenait un rapport évident avec « népenthès », ce qui lui donnait le sens d'un habile compromis entre la mort violente impliquée dans le sacrifice et la mort douce promise par le breuvage magique).

*

Selon M., qui tire cette conclusion d'une longue expérience clinique, le véritable temps du rêve est l'imparfait de l'indicatif, les trois autres qui le remplacent quelquefois — le présent, le passé simple et le passé composé — supposent toujours une espèce de tricherie : utilisés apparemment pour mieux cerner le passé, ils contribuent en fait à l'escamoter en lui ôtant ce que le temps remémoré a justement d'indéfini. — En rapportant cette particularité du rêve à la littérature dite d'imagination, je m'explique maintenant pourquoi le parti pris de conter une histoire au passé composé ou au présent m'inspire une si bizarre aversion dans n'importe quel genre de récit : c'est qu'ici le narrateur trompe sciemment son monde en faisant passer dans l'ordre du définitif tout le vague de l'histoire rapportée qui, en tant que tel, relève nécessairement de la répétition et de l'éternel suspens. Mais ce refus de l'imparfait, qu'il tente ou non de se justifier théoriquement, n'indispose pas seulement par ce grossier truquage de la temporalité, il irrite aussi parce que, voulant abolir le « il était une fois » où tout récit trouve son vrai commencement, il se dresse sottement contre une loi de l'imagination que personne en fait n'a le pouvoir de violer (il n'y a pas en littérature de « présent historique », là le présent tue l'histoire, il n'est pour s'en convaincre que de mettre au présent le célèbre « Comme il faisait une chaleur de 33°... » qui ouvre *Bouvard et Pécuchet*, ou indifféremment n'importe laquelle des premières phrases fameuses par quoi les grands récits prennent aussitôt leur rang).

*

Chaque fois que je lis un passage dans le genre de celui-ci, trouvé par exemple dans *César Birotteau* : « ... Ses lèvres minces ne manquaient pas de grâce ; mais son nez pointu, son front légèrement bombé trahissaient un défaut de race. Enfin ses cheveux, d'une coloration semblable à celle des cheveux teints en noir, indiquaient un métis social qui tirait son esprit d'un grand seigneur libertin, sa bassesse d'une paysanne séduite, ses connaissances d'une éducation inachevée et ses vices d'un état d'abandon... », j'admire la liberté avec laquelle le romancier use de ses procédés, sans se donner la peine de se conformer si peu que ce soit aux lois de la connaissance, et surtout, sans s'inquiéter beaucoup des invraisemblances et des âneries qu'ils le conduisent à proférer. Pour Balzac, un nez pointu et un front légèrement bombé trahissent immédiatement la bâtardise (un autre personnage de la même histoire a « le nez ignoblement retroussé », apparemment le retroussé ne vaut pas mieux que le pointu), cela va de soi, personne ne peut le contredire là-dessus puisque son système de correspondance n'a cours que dans son monde subjectif, où le désir règne en maître sur la raison, et au besoin sur l'intelligence. Ni l'homme ordinaire, ni le physiologue, ni le psychologue qualifié ne se risqueraient à affirmer qu'il connaît à fond les rapports du visage humain avec tout ce qui se cache dessous ; le romancier, lui, n'hésite pas, il sait de source sûre, et il le dit, que le dehors n'existe que pour signaler et signifier le dedans ; il est donc en mesure de lire sur un nez ou sur un front toute l'histoire morale et sociale du possesseur de l'objet, il peut même déduire d'une certaine couleur de cheveux la répartition exacte des vices et des qualités que l'individu doit à chacun de ses parents : l'esprit est sans conteste la part du grand seigneur libertin, la bassesse revient comme il se doit à la paysanne séduite, les vices découlent évidemment de l'illégitimité du sujet, qui provoque un dérèglement de la nature (quoique naturels, ses cheveux si éloquents ont l'air teints) et menace l'équilibre de la société. Ainsi à partir de ces seuls cheveux jugés trop noirs pour être honnêtes, le romancier armé de son système reconstitue bravement non seulement toute l'organisation intérieure du héros, avec son esprit mal tourné et ses penchants vicieux, mais encore un drame infiniment plus vaste dont les hiérarchies sociales et l'ordre en quelque sorte cosmique subissent directement le contrecoup. On ne peut vraiment pas en demander plus, même en se souvenant que Balzac, en tant qu'inventeur du malheureux Du Tillet et de tout ce qu'il est corps et âme, n'a vraiment pas beaucoup de mérite à tirer de ses cheveux une pareille quantité d'informations incontestables, et de surcroît si finement nuancées. Il est vrai qu'en l'occurrence le tour de force le plus méritoire consiste précisément à le faire oublier (on pourrait d'ailleurs voir là une ligne de démarcation possible entre le romancier génial, fécond par définition, et le grand artiste conséquent, que sa rigueur même expose à de graves inhibitions : Balzac élève sa physio-psychologie du nez à la hauteur d'une science spéculative et tombe finalement dans l'insanité ; Gogol, qui lui n'a pas de système explicatif, écrit tout simplement *Le Nez*, en témoignage de son perpétuel effarement devant le fait d'avoir un nez au milieu du visage).

*

Cela dit, il s'en faut de beaucoup que Balzac soit le seul à faire de la physiognomonie à bon compte, la plupart des romanciers ayant rompu avec la forme épique s'y emploient pareillement, sans toujours éprouver le besoin de rattacher le procédé à une quelconque métaphysique. Mettre en rapport la surface visible des êtres avec ce qu'ils recèlent en eux de plus impossible à scruter, c'est en effet pour le roman le meilleur moyen d'assurer l'intense circulation des émotions qui est devenue à l'âge moderne sa première spécialité. N'était le postulat d'une relation de cause à effet entre l'âme et le corps, qui change heureusement l'énigme posée par l'autre en secret déjà à demi trahi, comment le romancier saurait-il créer le vaste réseau de relations et le système complexe d'états où ses personnages doivent se prendre, comment pourrait-il passer de la description au choc des idées et au déchaînement des passions ? Le personnage qui, comme le Tchitchikov de Gogol, n'est ni grand, ni petit, ni jeune, ni vieux, ni beau, ni laid, etc., et dont par conséquent l'extérieur n'a absolument rien à signifier, appartient de toute nécessité au domaine de l'épopée ou à aucun : le roman proprement dit, condamné à être profond, ne l'accueillerait qu'après lui avoir fait un corps et un visage parlants, capables de percer sa surface trop unie.

*

Je tombe par hasard sur un passage de Lermontov qui, touchant les servitudes physiognomoniques du roman, trahit tout autre chose que la tranquille assurance d'un Balzac. Là, frappé justement des choses insensées qu'il est censé lire sur la mine de son personnage principal — il s'agit de Piétchorine, dans *Un héros de notre temps* —, l'auteur s'arrête pour s'interroger sur le bien-fondé de cette façon de déchiffrer les gens, et faute de pouvoir répondre, se retranche finalement derrière le droit de chacun à la subjectivité. Après avoir dépeint Piétchorine sous tous les angles de vue possibles — vêtements, attitudes, gestes, expressions, dents, cheveux, tout y passe —, on en vient naturellement aux yeux qui, dans ces sortes de portraits, sont toujours l'objet des plus hautes spéculations. « Lorsqu'il riait, eux (les yeux) ne riaient pas... C'est le signe d'une nature méchante ou d'une tristesse profonde, invétérée. Sous leurs cils baissés, ils brillaient d'une sorte d'éclat phosphorique, si l'on peut s'exprimer ainsi. Ce n'était pas le reflet d'une âme ardente ou d'une imagination enjouée : c'était une lumière semblable à l'éclat de l'acier, aveuglant, mais froid. Son regard bref, mais aigu et lourd... » Arrivé là, le conteur, prenant soudain conscience de la confusion et de l'invraisemblance du tableau, concède qu'après tout il n'est sûr de rien, que Piétchorine ferait peut-être sur un autre « une impression toute différente » et que son portrait n'est sans doute fidèle qu'à ses propres yeux, ce qui du reste n'a aucune importance puisque Piétchorine, étant issu de sa tête, ne sera jamais connaissable que par lui. « Mais comme je serai seul à vous en parler, il faudra bien que vous vous contentiez de ma description. Je dirai en manière de conclusion qu'il était assez bien de sa personne et avait l'une de ces physionomies originales qui plaisent particulièrement aux femmes... » Ainsi tant d'ingéniosité dans l'analyse, tant de subtilités psychologiques pour aboutir au plus attendu, au plus minable des lieux communs ! Le portrait commencé en morceau de bravoure — il s'étend sur deux pages — tombe brusquement dans le comique, Lermontov n'y revient pas, il a fait ce que tout romancier est tenu de faire dans ces cas-là, de sorte qu'on n'a plus la moindre idée de l'apparence qu'il convient de prêter au personnage, ni du rôle qu'elle est censée jouer. Sur le moment naturellement on ne peut qu'être sensible à l'ironie presque douloureuse avec laquelle la conclusion est amenée, et l'on sait gré à l'auteur de montrer précisément sur ce point obscur une aussi rare lucidité. Mais, en vérité, son accès de clairvoyance est bien mal récompensé, car bientôt on s'aperçoit que le cercle du récit est brisé, et l'on se laisse doucement glisser hors de l'histoire pour suivre en pensée celle de l'homme torturé qu'on imagine avoir été, et qu'était en effet, un romancier si anormalement chatouilleux sur le chapitre de l'honnêteté.

*

Constater que la littérature a changé est certes plus facile que préciser en quoi consiste le changement ; s'il est passager ou irréversible ; s'il faut le tenir pour une fin ou pour un recommencement. Quelque chose a changé, c'est vrai, mais quoi au juste ? L'orientation formelle et le contenu des œuvres produites depuis quelque quinze ans (rien n'empêche de remonter beaucoup plus haut, en fait il le faudrait puisque, depuis sa naissance, la littérature dite moderne n'est qu'agitation et mouvement) ? Les milieux spécialisés où s'élaborent les livres ? Les gens qui écrivent ? L'économie de l'édition ? Les rapports de ce qu'on nommait naguère l'avant-garde avec le gros des producteurs et du public ? Tout cela ensemble sans aucun doute, et à des degrés si divers qu'à première vue le tableau n'est guère déchiffrable. Mais abstraction faite de tous les éléments qui influencent le fait littéraire du dehors — ce qui suppose évidemment qu'un tel fait soit saisissable en lui-même et jusqu'à un certain point indépendant —, le changement le plus profond paraît toucher les relations personnelles de l'écrivain avec l'idée même de littérature, je veux dire avec le monde de croyances, d'images, d'espoirs et de passion dont la littérature tirait jusqu'à présent son pouvoir propre de communication.

Encore une fois le changement ne s'est pas fait d'un coup, bien d'autres tout aussi « modernes » l'ont précédé qui, sur le moment, ne tendaient pas moins à renverser l'ordre littéraire ou tout au moins à le miner. Le romantisme, l'expressionnisme allemand, dada, le surréalisme — tous ces mouvements ont revendiqué en leur temps une liberté sans frein qui impliquait la confusion ou la dissolution des genres traditionnels, la spontanéité au lieu de l'obéissance aux règles, et d'une manière générale, une rupture plus ou moins violente avec les attitudes intellectuelles liées classiquement aux notions d'œuvre et de création. Ce spontanéisme, pour employer le mot qui désigne aujourd'hui une foule de manifestations instinctives disparates, les surréalistes l'avaient déjà poussé fort loin puisque, ayant trouvé le moyen de mettre la création à la portée du premier rêveur venu, ils se refusaient pour leur part à faire métier et œuvre d'écrivains (on sait que quelqu'un avait prédit à André Breton que son châtiment serait de figurer dans les anthologies, ce qui s'est accompli en effet, mais finalement était-ce encore un châtiment ?). C'est également l'élément le plus dynamique et en tout cas le plus visible parmi tous ceux qui composent la physionomie assez floue de la littérature dite « nouvelle » (il est assez significatif qu'elle ne puisse ou ne veuille pas se donner de nom, à la différence des révolutions littéraires historiques, qui toutes ont eu manifestes, étiquettes, fondateurs et militants). Mais justement, une comparaison avec l'insoumission surréaliste fait aussitôt ressortir une différence notable ; car André Breton et ses disciples avaient beau s'insurger contre « l'œuvre » en tant que produit d'une mystérieuse vocation ; ils avaient beau bouleverser les catégories et renverser les idoles sans souci de leur véritable rang (on se souvient de leur rage contre Claudel et de l'aversion de Breton pour Dostoïevski), ils n'en étaient pas moins fanatiquement dévoués aux écrivains et aux poètes qu'ils jugeaient admirables — non pas uniquement parce qu'ils étaient en marge (tous leurs frères n'étaient pas maudits, et tous les maudits n'étaient pas de leur côté), mais parce que la littérature s'était accomplie en eux comme le jeu le plus pur et le plus grave. En ce sens le surréalisme ne signifiait pas du tout une rupture avec la tradition, il la continuait au contraire, en resserrant plus que jamais les liens entre les rêves d'hier et les insurrections actuelles de l'esprit.

La phrase que me disait souvent Roger Gilbert-Lecomte : « Je juge un homme à sa capacité d'admirer », les romantiques de toutes nuances y ont cru, s'ils ne l'ont pas toujours prononcée. Le terrorisme surréaliste qui, à maint égard, continue d'inspirer les attitudes littéraires avancées, n'était pour une bonne part que la conséquence extrême de cette faculté d'admiration par quoi le passé se trouvait sans cesse mêlé aux luttes du présent. Car la piété ici était excessivement jalouse, on se battait pour Rimbaud contre Lautréamont, pour les « petits » romantiques contre les grands, pour Nerval, Baudelaire, Edgar Poe ; contre Artaud parce qu'il montait Strindberg. Le combat était âpre, quoique des morts en fussent souvent l'enjeu, et puis on ne se souciait pas trop de considérations théoriques, l'important dans ces engagements passionnés était bien plutôt ce que chacun montrait de lui-même et de ses rapports avec la chose écrite (« Je tiens pour un porc, disait encore Roger Gilbert-Lecomte, quiconque n'écrit pas pour dire l'essentiel »). Révérer un écrivain considéré comme un exemple et un maître, c'était d'abord non pas le mettre à l'épreuve d'une quelconque théorie, mais se rattacher en quelque sorte publiquement à une éthique littéraire définie, à un « il faut » devant lequel on s'inclinait librement ; c'était surtout vivre sans cesse à proximité des textes, c'est-à-dire les lire, les citer, les réciter, les traduire au besoin, et assurer ainsi rituellement une transmission constante d'émotions et d'idées. Si on aimait Antonin Artaud, on ne pouvait pas le dissocier de Gérard de Nerval, dont il était à sa manière foudroyante tout à la fois le frère et l'élève (dans une petite ville du Midi où je l'ai accompagné en 1948, il passait toutes ses nuits à réciter des poèmes de Nerval, ou plus exactement à les crier avec une force telle que durant une semaine, les voisins n'ont sans doute pas dormi). Si on aimait Arthur Adamov, il allait de soi qu'à n'importe quel moment — ces affaires-là ne souffraient jamais de retard —, il fallait accueillir avec lui l'écrivain mort ou vivant, célèbre ou obscur, dont il venait de découvrir avec émerveillement une page, un vers, voire quelquefois une seule phrase. Que ce fût Novalis, Hölderlin, Kleist, Büchner, Gogol, Kafka, Flaubert — son enthousiasme pour l'œuvre des autres faisait partie intégrante de la sienne : il vivait positivement de son admiration, et tous ceux qui l'ont connu savent qu'il avait aussi le génie de la faire vivre. Inutile de dire que cet enthousiasme si étonnamment communicatif n'avait rien à voir avec le mélange de nostalgie et d'agressivité qui semble caractériser aujourd'hui la consommation de la culture ; simplement on s'attachait à la littérature pour son pouvoir de faire passer dans la généralité la plus vaste la singularité la plus radicale, et on y croyait à cause du don qu'elle a de transmettre *réellement* l'histoire de ses assauts *imaginaires* aux frontières de la pensée. Le livre n'était pas un objet de convoitise, ni même exactement un fétiche au sens où on l'entend parfois aujourd'hui ; on lui demandait seulement d'être une arme contre la pesanteur de la vie ou, selon le mot de Kafka, « la hache qui brise la mer gelée en nous ».

Enthousiasme, dévotion, message, fanatisme — tous ces mots tirés du fonds religieux qui viennent ici à l'esprit conviennent aussi mal que possible à l'athée qu'était le plus souvent l'écrivain d'avant-garde. Pourtant ils s'imposent, car si la révolution littéraire du moment brisait brutalement avec la plupart des habitudes de pensée héritées du siècle précédent, et pour commencer bien entendu avec toute espèce de foi, elle n'en montrait pas moins à l'égard de ses modèles une intransigeance qui les rendait positivement intouchables, en somme elle restait pieuse en littérature, autant qu'elle voulait être sacrilège ailleurs, et en cela du moins elle continuait de gré ou de force une longue tradition.

Depuis toujours en effet la littérature tend à conférer à ses opérations techniques les propriétés spéciales des choses divines ou sacrées ; elle parle d'inspiration, de vocation, de mission, et même, pour parfaire l'analogie, d'enfer et de malédiction. Elle a ses chapelles, ses prophètes, ses ascètes, sans compter les martyrs dûment attestés dans ses biographies (pour comble d'ironie, le surréalisme a même eu son « pape »). Douée pour l'incantation, l'invocation, l'envoûtement, elle se tient tout naturellement au voisinage de la magie, de l'occultisme, de l'alchimie, de sorte qu'elle engendre elle-même ses sacrilèges et ses hérétiques (parmi lesquels les avant-gardes à venir recrutent généralement leurs prophètes). Et comme la religion encore, elle se fonde entièrement sur l'autorité absolue de l'Écriture qui est tout à la fois sa grâce et sa loi.

Au XIXe siècle, cette analogie si remarquablement soutenue par le langage courant trouve un surcroît de confirmation dans la nouvelle sacralisation de la littérature (et de l'art en général) qui, un peu partout en Europe, vient compenser les effets profonds de la sécularisation de la vie. Au début sans doute cette confusion de l'idéal littéraire et de l'idéal religieux profite encore largement à la foi — Chateaubriand, Novalis et combien d'autres moins considérables servent encore les deux sans malaise —, mais peu à peu elle conduit à tous les malentendus dont l'écrivain mécréant ou simplement indifférent fait les frais dès qu'il passe pour « inspiré » (rien de plus significatif à cet égard que le cas de Rimbaud, sur lequel on a tant spéculé : en tant que transfuge de la poésie, il trahit scandaleusement le sacerdoce dont il avait la charge, ce qui en soi n'est pas pardonnable, à moins qu'on ne puisse justifier cet abandon du froc littéraire par une conversion véritable). A la fin du siècle, l'art d'écrire joue pour de bon, et d'autant mieux qu'il s'émancipe des vieilles tutelles religieuses, le rôle de surrogat de la foi à quoi les hautes instances de la culture le destinent tacitement : il devient alors « une forme de la prière » (Kafka), ou selon l'intuition profonde de Flaubert, « la mystique de qui ne croit à rien ».

La pensée littéraire des cinquante dernières années n'a pas laissé de s'attaquer à ce bastion de la superstition et de la piété où la littérature sanctifiée par ses propres soins continuait tranquillement de se retrancher. Le plus souvent même, le nouveau mouvement partait de là, les esprits les plus clairvoyants sentant bien qu'on ne pouvait plus écrire en toute honnêteté tant que l'on gardait pieusement les croyances irrationnelles, les espoirs de transcendance et de salut, les illusions d'éternité dont toute passion d'écrire se nourrit. Joyce écrit son Odyssée pour en finir une bonne fois avec la vérité autoritaire et éternelle dont l'épopée a le privilège ; Brecht voit dans la propriété littéraire et le respect obligé des œuvres l'imposture majeure d'une culture figée : il n'y a pas de droits d'auteur qui garantissent l'inviolabilité des œuvres, les textes écrits tombent automatiquement dans le domaine public, ils représentent un bien collectif essentiellement aliénable, que chacun est libre d'utiliser. Sans aller aussi loin, les expressionnistes allemands s'en prennent pareillement à l'idolâtrie des chefs-d'œuvre qui, chez le petit-bourgeois, tourne à la bigoterie et couvre d'un voile esthétique décent le plus impudent mensonge social. Partout où on cherche à saper les bases de la pensée établie, on fait ainsi le procès de la littérature pour son aptitude à recueillir tacitement — c'est ce silence qui est révoltant — tout ce qui survit du passé sous forme de mysticisme dévoyé, de promesses messianiques et de pseudo-spiritualité. Bien entendu ce procès de la littérature contre elle-même n'est pas encore la mort de la littérature, loin de là, car s'il démonte par la mystification, la satire, la parodie, toutes les irrationalités attachées séculairement à l'acte d'écrire, ce n'est pas en passant outre à ce qui est déposé dans les livres « éternels », mais au contraire en incorporant au texte nouveau la matière même de l'ancien, en imitant l'ennemi à démasquer afin de faire paraître l'incongruité de sa survie. Solidement ancrée dans les siècles, appuyée sur l'ancien qu'elle s'emploie à discréditer, la modernité ici s'affirme *avec* autant que *contre* ses modèles, ce qui lui communique au moins une part de leur séduction et un faux air d'immortalité. Ainsi Joyce règle ses comptes avec Homère dans une grandiose parodie où la légalité de l'ordre épique

— que le roman reconnaît toujours plus ou moins — est d'un seul coup frappée de nullité ; mais son Ulysse n'ignore pas le monde *littéraire* dont il est issu, il a affaire avec son homonyme au moins autant qu'avec les personnages de son histoire personnelle, et quoiqu'il incarne le héros du jour, ou d'un jour, appelé à destituer le héros de tous les temps, ce qu'il dit dans son langage daté est encore une référence, un hommage, une sorte d'adieu prolongé à plaisir au monde déchu de l'épopée. De même Brecht écrit en haine du sacré littéraire, et pour mieux purger l'écriture des sublimités derrière lesquelles se cachent la paresse et la bassesse d'esprit, il va jusqu'à se mettre lui-même hors la loi en revendiquant tout simplement le droit de plagier ; mais ce mépris pour les valeurs reçues ne l'empêche pas de puiser ses formes dans le passé profond de sa langue maternelle, il écrit consciemment en se souvenant de Luther et de Grimm (comme on lui demandait un jour quel livre l'avait le plus influencé, il répondit : « Vous allez rire : la Bible »), en inscrivant dans le vif de son œuvre non seulement les erreurs et les leurres, mais aussi la beauté, la sagesse, le fonds de vérité enfouis dans la littérature universelle. — Quant à Kafka, je ne crois pas qu'il parle jamais d'autre chose que du combat tragique, dérisoire, et sans espoir, que se livrent en lui l'ancien et le nouveau — un ancien dont la part de vrai exige le respect, bien qu'il soit depuis longtemps périmé ; un nouveau douloureusement conscient de sa précarité, n'ayant pour lui que la grâce fragile de l'éphémère et dans le meilleur des cas le triste avantage de la lucidité. Cette fois il ne s'agit plus d'innover en épurant la littérature de ses résidus archaïques, mais de placer l'écrivain devant une ultime alternative : vivre *normalement,* ce qui ôte à l'écriture toute nécessité et la réduit à n'être qu'exaltation de soi, propos en l'air, exhibition éhontée ; ou écrire *absolument,* ce qui revient à sacrifier l'existence elle-même à un mandat d'origine inconnue, pour quoi rien ni personne n'offre la moindre garantie. On sait assez combien Kafka a pris l'alternative au sérieux, et comment, dans ce cas assurément extrême, les vieilles paperasses qui prétendent détenir l'absolu l'ont finalement emporté sur la vie.

A en juger par les tendances passablement mêlées qui se font jour dans les mouvements actuels, la modernité semble bien guérie de cette passion pour la littérature dont l'avant-garde d'hier était tout à la fois témoin, victime et juge. En tout cas on n'en voit plus trace dans les œuvres, le combat du nouveau pour *et* contre l'ancien n'est plus nulle part un sujet d'inspiration, tout se passe comme si l'ancien réduit au silence était réellement révolu, ou tout au moins trop insignifiant pour qu'il y ait encore lieu de faire son procès. Or en esquivant ce combat décisif du nouveau pour être, la littérature moderne court le risque de s'anéantir elle-même, car où est-elle après tout sinon dans le fait que d'autres ont écrit, avec ce mélange de foi, de doute et de naïveté qui, on ne sait comment ni pourquoi, finit peut-être quand même par changer la réalité ? Qu'est-elle en définitive sinon une légende, un enchevêtrement de figures imaginaires et d'écrivains à peine plus réels, un « ailleurs » qui donne le change sur sa ressemblance avec les choses d'ici, un sempiternel « il était une fois » auquel on choisit de croire avec autant de raison et aussi peu de bon sens que l'enfant croit à ses contes ? Le phénomène littéraire n'a pas et ne peut avoir de définition plus rigoureuse, il s'évanouit dès qu'on l'isole de ses fantômes et de ses illusions (vue sous cet angle, la littérature serait « morte » aujourd'hui comme l'était naguère le dieu de Nietzsche, mais de tels morts ont la vie dure, on le sait, jusqu'ici en tout cas les prophéties qui les concernent n'en finissent pas de s'accomplir).

Pour l'instant, donc, l'ancien est laissé à son obscurité et le nouveau s'affirme innocemment comme tel, sans se chercher d'autre preuve que le fait même de son apparition (le « nouveau roman » d'il y a vingt ans a pris le premier le risque de cette définition sommaire de la modernité, oubliant que le « moderne » n'est pas une affaire d'âge et que le neuf s'y change vite en vieillerie s'il n'éprouve pas le besoin de s'expliquer à fond, jusque dans l'organisation de ses mots et de ses images, sur ce qui le force à rompre avec la tradition). Dès l'instant que l'œuvre d'imagination exclut de son champ les notions d'autorité et de légalité impliquées depuis Homère dans toutes nos conventions, elle ne se fait plus en se demandant d'où lui viennent ses doutes et ses certitudes ; si la littérature est vocation, art, métier, ni par quel miracle elle peut suggérer un lien entre ses fantaisies les plus subjectives et les besoins réels de la généralité. Affectant d'être toute au présent, elle se donne tantôt pour l'expression directe de l'envie instinctive d'écrire, tantôt pour l'interprète de l'esprit du temps qui, venu à elle par des voies extra-littéraires, lui garantit au moins qu'elle est proche du réel et la décharge ainsi de ses responsabilités. Autant qu'on puisse saisir des lignes de pensée précises dans un mouvement aussi diffus, la modernité du moment apparaît tiraillée entre deux tendances radicalement opposées, qui contribuent pourtant ensemble à la même sorte de négation : d'un côté elle propose une écriture « spontanée », disponible à toute heure, répondant d'elle-même et assurant elle-même sa régularité ; de l'autre elle se réduit à n'être qu'un véhicule d'idées, un moyen d'agitation dont les propriétés spécifiques n'importent guère au fond, vu ce qu'on attend de son efficacité. Tantôt on écrit dans le vertige de l'instinct et de l'affect libérés, comme s'il y avait entre le mot et l'acte une sorte de consubstantialité ; le fait littéraire cède alors la place au fait brut (érotique, sadique, narcissique) pour provoquer une émotion élémentaire, des sensations nerveuses aussi proches que possible de celles qui se déchargent au jour le jour dans la vie. Tantôt au contraire on sert une idéologie avancée, en empruntant à des secteurs variés de la connaissance et de l'action un contenu tout fait, saisi par surcroît dans une terminologie. Dans le premier cas, on se situe, ou plus exactement on feint de se situer, aux confins obscurs où le langage est encore à peine formé ; dans le deuxième on se concilie un tribunal extérieur qui, parfaitement indifférent à la conformation littéraire du « message », tranche du bien plutôt que du vrai, et du mal plutôt que du faux. Cependant ces deux types d'œuvres si dissemblables par leurs motifs concourent à peu près au même résultat, car la littérature s'y annule pareillement en tant qu'intermédiaire original, elle affiche une immédiateté qui la transforme en fabrique d'objets d'usage essentiellement remplaçables. Bien entendu cette dissolution de l'écriture dans les lieux communs de l'idéologie ou les impératifs du désir collectif ne va pas non plus sans une bonne dose de magie, elle n'est possible que grâce à cette croyance invétérée en la vertu magique de l'imprimé où se trahissent nos plus tenaces préjugés.

Tentée par les deux issues entre lesquelles elle ne peut pas ou ne veut pas choisir, la modernité aurait tout lieu de se souvenir du Champion de Jeûne de Kafka et du dilemme qu'il tranche par son étrange suicide : l'artiste qui, à force de singularité, en vient à refuser les aliments du dehors pour ne nourrir son œuvre que de sa propre substance, devra ou bien renoncer à sa bouderie, ou bien disparaître et céder la place à la panthère « bondissante de vie », dont la beauté immédiatement tangible révèle d'un coup le néant de son art sophistiqué. Le triste Narcisse qui, pour créer, consomme les restes de sa chair exténuée, n'est-il pas déjà bien mort, tué par sa présomption et plus encore par l'indifférence que ses performances absurdes inspirent au public ? La panthère n'occupe-t-elle pas déjà la cage où la littérature périt lentement d'inanition, en châtiment des sacrifices monstrueux qu'elle exigeait de la vie et de son dédain des nourritures communes ? On dira peut-être que le dilemme formulé il y a cinquante ans a perdu pour nous de son utilité, que bien des choses se sont passées depuis que Kafka tentait de le résoudre, et que s'il faut choisir aujourd'hui, rien ne prouve que ce doive être nécessairement entre la beauté irréfutable de la brute et le message douteux du Jeûneur, qui après tout n'a pas souvent été suivi. Il est vrai que dans ce domaine, il n'y a pas de preuve décisive, mais il n'en reste pas moins que jusqu'à nouvel ordre, la panthère et le Jeûneur n'ont jamais vécu ensemble dans la même cage ; et qu'en attendant le troisième terme qui mettrait fin aux questions — ce serait disons une littérature moderne qui, libérée des vieux rêves hérités de la théologie et de ses succédanés, réussirait à être aussi belle que la panthère et d'une vérité aussi incontestable —, le seul legs moderne que nous ayons à recueillir ou à refuser reste l'art exsangue du Jeûneur avec sa misère et ses maladies.

Quoi qu'il en soit des spéculations prophétiques, le dépérissement de l'art annoncé par l'apologue de Kafka semble bien être en train de se réaliser, à en juger par certains symptômes il est même entré dans sa toute dernière phase. Ainsi on ne se demande plus : qu'est-ce que la littérature ? — ultime question du Jeûneur, précisément —, mais, comme l'étudiant américain cité par Serge Doubrovsky : la littérature, à quoi ça sert ? ce qui bien entendu est moins une question qu'un constat impitoyable, quelque chose en tout cas comme un point final. Demander à quoi ça sert, en l'occurrence, c'est déjà fournir la réponse, et à quoi ça sert en effet si l'on ne comprend pas qu'Oscar Wilde ait pu dire sans crainte de se ridiculiser que la mort de Rubempré dans *Splendeurs et misères des courtisanes* est le plus grand chagrin de sa vie ? Si l'on ne tient pas la première phrase de *Bouvard et Pécuchet* pour un événement plus considérable que bien des faits arrivés ? Si on ne se passionne pas pour des créatures de papier au point de se croire intéressé à leurs affaires, à leurs amours et à leurs haines de papier ? Si on ne partage pas l'illusion aberrante d'un Hebbel, qui se figure pouvoir « secouer le sommeil du monde » par la seule vertu de l'imprimé ? A quoi ça sert enfin, si l'on ne se sent pas soi-même apparenté au problématique Don Quichotte dont la littérature occidentale est née ? Le jeune homme intelligent qui soulève la question a parfaitement raison dans sa brutalité : *vu du côté de la panthère,* ça ne sert et n'a jamais servi à rien, là est justement le secret de la littérature, qu'il ne lui est pas permis de violer.

Quand l'impertinence (ou la pertinence) de ce « à quoi ça sert ? » ne serait encore qu'un cas isolé, elle méritерait d'être considérée pour le désabusement salubre auquel elle peut donner lieu (autrefois elle eût paru tout simplement scandaleuse : le questionneur eût été traité d'illettré et renvoyé sans plus à son infériorité). La littérature a cessé d'être un objet convaincant, elle n'a pas plus de prestige, pas plus d'intérêt que n'importe quel autre produit de la culture, à elle de prouver le contraire s'il lui reste assez de force pour justifier ses privilèges, mais de toute façon elle ne peut plus revendiquer ses titres en se fondant simplement sur sa propre légende, il lui faut désormais consentir à devenir un objet contrôlable parmi d'autres, ou bien s'avouer elle-même pour un mythe périmé. En un mot il lui faut dire clairement si elle est prête à échanger ses croyances contre un véritable esprit d'examen, ou si elle n'est plus que le dernier mythe fascinant d'un temps qui ne veut ou n'ose plus croire aux mythologies.

La littérature se voit donc confrontée tout à coup avec la question de vie ou de mort qu'elle n'a cessé d'esquiver, sauf à ses rares moments de lucidité, où elle l'a prise pour sujet. Aurait-elle prolongé son règne si elle y avait répondu plus tôt ? On ne sait, mais le fait est qu'elle s'est tue, et que les quelques écrivains qui ont rompu pour leur part le silence général n'ont pas souvent été entendus (il est vrai qu'ils ne sont pas de ceux qu'on imite facilement, étant trop exigeants, trop clairvoyants, trop « jeûneurs » en quelque sorte pour que leur exemple puisse devenir contagieux). Cervantès — prophète, mage et critique inflexible de toute littérature romanesque — a certes inscrit dans la trame de son œuvre le magistral procès du livre sacralisé, mais en cela justement il a été fort mal compris, même des esprits révolutionnaires qui, bien après lui et sur un autre terrain, ont été sans relâche les spécialistes du désillusionnement. Si profonds qu'ils soient en effet les bouleversements intellectuels du siècle dernier affectent remarquablement peu le sacré littéraire et les superstitions de toutes sortes qui y sont liées ; la pensée analytique a beau renverser les hiérarchies, expliquer le haut par le bas, proposer une génétique des œuvres, elle n'en reste pas moins béate d'admiration devant le mystère de la littérature, en quoi elle voit le dernier obstacle à sa pénétration. Pour ne parler que de Marx et de Freud, par exemple, chacun à sa manière et en son temps a certes porté un coup décisif à nos idées reçues sur la « création », mais ni l'un ni l'autre n'a vraiment mis en question la valeur exorbitante que notre civilisation attribue officiellement à l'œuvre d'imagination (officiellement, ce qui ne veut pas dire réellement, car par un paradoxe de plus, cette surestimation officielle s'exprime en général sur un vaste fond d'indifférence). Tout en défaisant les superstructures idéologiques dont la littérature tire son plus fort soutien, Marx ranime la vieille croyance selon laquelle l'écrivain vrai voit plus de choses et les voit plus clairement que ne le font les hommes ordinaires, quelles que soient d'autre part ses erreurs personnelles, ses illusions et la faiblesse de son jugement ; fût-il pour le reste un esprit borné, confiné dans l'univers étroit de convictions rétrogrades, il a de par son art la clairvoyance spéciale du visionnaire et reçoit par là même une « mission », qui consiste à révéler à travers le jeu de figures imaginaires les contradictions sociales encore inaperçues de ses contemporains. Quant à Freud, qui a fourni la première théorie cohérente des processus psychiques liés à l'acte créateur, il n'a jamais touché à ce secteur de l'esprit sans d'infinies précautions, comme si là la gravité du sacrilège l'obligeait à reculer ; et quoiqu'il ait montré comme nul autre de quel fonds de sauvagerie intérieure provient la vocation de l'écrivain, il a gardé toute sa vie au *Dichter* la sorte de vénération émue dont il savait si bien démonter les ressorts quand elle allait à d'autres saints (le mystique et le philosophe, qui n'étaient à ses yeux que de dangereux agents de l'illusion). Sur ce point au moins, le grand destructeur d'idoles qu'il était effectivement faisait preuve d'une singulière pusillanimité, il respectait le tabou religieusement observé par l'élite de son temps et tenait même apparemment à rester dupe de sa piété. Pour lui comme pour tous ceux qui cherchaient la vérité dans une pratique systématique de la désillusion, la grâce d'écrire demeurait seule inchangée : elle conférait toujours le pouvoir d'instruire (le *Dichter* sait d'instinct ce que le psychanalyste a tant de peine à démêler), et plus que jamais le don de sauver.

Analysable en tant qu'homme, mais intouchable en tant que créateur, le littérateur ainsi confirmé dans ses hautes fonctions peut continuer à justifier l'utilité sociale de ses fantaisies par le mystère de l'inspiration. Loin de songer à le décourager, Freud contribue encore à exalter son image, car en lui découvrant une constitution spéciale, propre à lui assurer une communication directe avec les forces psychiques actives dans l'inconscient, il l'élève au rôle du héros souffrant qui, dans la mesure même où il prend sur lui les maux de l'humanité, donne aux malades et aux égarés la chance d'une salutaire « catharsis ». Héros sacrifié, bouc émissaire, guérisseur et par surcroît pourvoyeur de beauté, l'écrivain d'après Freud n'a pas plus de raisons de se plaindre que son prédécesseur, il en a même moins puisque la science analytique, au lieu de l'amener à se voir tel qu'il est, lui assigne une place de choix parmi les demi-dieux de la mythologie.

Çà et là il est vrai paraissent des écrivains qui, en contrepartie de cette vision héroïque, se peignent avec un mélange d'humour et de sérieux sous les traits du clown, du saltimbanque, de l'illusionniste, du cabotin (Jean Starobinsky a joliment décrit le portrait de cet « artiste en saltimbanque » dans lequel les descendants du romantisme aiment à exhiber leur marginalité), mais ces autoportraits dénotent en général plus de complaisance que de véritable lucidité, de sorte qu'en fin de compte ils servent tout au plus à ranimer le cirque littéraire et à renouveler ses variétés. C'est que personne alors, à part les rares Don Quichotte qui font du conflit entre leur foi littéraire et leur raison la matière de leurs fables, ne songe sérieusement à mettre en cause la surestimation de l'écrivain et de ses produits, grâce à quoi tout livre, n'eût-il qu'un rang modeste dans la hiérarchie de la pensée, bénéficie toujours un peu de l'autorité et de l'efficience spéciale des Écritures sacrées. Pourquoi le phantasme le plus intime du romancier et l'effusion de cœur du poète passent-ils pour avoir quelque chose d'essentiel à dire sur la vie, voire pour changer la vie en un sens décisif ? Pourquoi l'Histoire n'éclate-t-elle pas de rire lorsque Balzac prétend être son « secrétaire » et « faire concurrence à l'état civil » ? Comment le fait de raconter des histoires peut-il entraîner le droit de redresser les torts ou garantir le don de prophétie ? D'où vient que le romancier soit tenu communément pour initié aux secrets de la vie et de la société, malgré l'inexpérience, la maladresse, l'aveuglement qu'il manifeste si souvent dans ses affaires privées ? Pourquoi, tout incapable qu'il est parfois de se gouverner lui-même, lui confie-t-on la tâche d'un guide spirituel, quitte à lui imputer ses faux pas à crime quand sa voyance supposée le conduit du mauvais côté ? La littérature d'imagination affiche pour ces questions un manque total d'intérêt, apparemment il lui importe peu de savoir si ses moyens sont adéquats à ses fins et si elle tient réellement ce qu'elle promet. Sans doute pense-t-elle comme Don Quichotte que « ce ne sont pas là des choses dont il faille faire la preuve jusqu'au bout », et que par conséquent la vieille théorie des « enchanteurs » est encore ce qu'on a trouvé de mieux pour expliquer sa magie. Mais même de cela elle ne peut pas parler, et ce silence où elle s'enfonce laisse entendre de plus en plus nettement le « à quoi ça sert ? » des impies, qui est pour elle le commencement de la fin.

Selon Don Quichotte, les livres n'exercent une action aussi puissante sur la vie que parce qu'ils ont le don d'enchanter, et ils enchantent parce qu'ils ne sont pas faits par des auteurs, mais par de véritables magiciens — bons ou malins — qui décident de leurs qualités. Peut-être n'en a-t-on jamais dit beaucoup plus sur les opérations obscures dont l'art d'écrire tire ses effets prestigieux, seulement c'est peu, c'était déjà bien dérisoire au temps de Cervantès et aujourd'hui, en un temps où la pensée met toute sa dignité à démasquer l'illusion, l'explication par les enchanteurs ne devrait pas trouver beaucoup de crédit. La querelle sans issue qui oppose Don Quichotte au Curé et au Barbier est devenue une affaire sérieuse (au fond le Curé et le Barbier demandaient eux aussi « à quoi ça sert ? » mais bien qu'ils aient eu finalement le dessus, la folie de Don Quichotte les fait paraître bien petits), car les enchanteurs ont beau dire, leur art captivant ne peut plus refuser de s'expliquer, il ne peut plus, sauf à se mettre lui-même hors d'usage, se dérober à l'examen en se donnant *a priori* une nature impénétrable. C'est que le soupçon moderne n'épargne rien, et que la littérature ne peut plus se targuer d'être la seule forme de foi aveugle, la seule forme de dévotion encore capable de l'égarer. Il lui reste donc ou bien à faire ses preuves jusqu'au bout, ou bien si, fidèle à son inspiration donquichottesque, elle préfère conclure qu'elle n'appartient décidément pas à l'ordre des choses vérifiables, à n'être plus qu'une rubrique émouvante parmi bien d'autres dans les fichiers de notre archéologie.

*

Pour autant que la littérature d'aujourd'hui refuse de continuer à « se raconter des histoires », il semble qu'elle prenne enfin le dilemme au sérieux et qu'en cela au moins elle témoigne d'une certaine santé. Mais si elle rejette à bon droit les croyances superstitieuses qui, jusqu'à présent, étaient ses plus fortes alliées, il ne s'ensuit pas qu'elle y gagne un pouvoir mieux défini et une position plus solidement fixée. Car à ne plus vouloir « se raconter des histoires », on est conduit logiquement à ne plus raconter d'histoires du tout, c'est-à-dire à priver le récit non seulement de son principal attrait, mais du pouvoir de suggestion qui est en fin de compte sa seule raison d'être écrit (le récit veut être croyable, et par un paradoxe propre à la littérature de fiction, il l'est d'autant plus qu'il sait mieux s'organiser pour valoir à ses fables le maximum de crédibilité). Tandis que les grands fondateurs de la modernité, sachant bien qu'ici, une simple décision de bon sens ne suffit pas à faire la clarté, fabriquaient leurs histoires avec la matière même de leurs questions (la fable du *Don Quichotte* se confond avec le procès de toute littérature, de même l'histoire de Tristram Shandy, d'*Ulysse* et de *Bouvard et Pécuchet* ; dans ce cas il est vrai l'histoire est trop belle et trop prenante pour que le procès soit vraiment concluant, c'est pourquoi elle ne s'achève que dans un perpétuel recommencement), les questions maintenant chassent l'affabulation, elles se posent toutes seules dans un espace intellectuel à part, où les produits de l'imagination, tantôt bruts, tantôt au contraire soigneusement épurés, sont soumis par avance au contrôle de la théorie. Le « nouveau » roman et la « nouvelle » critique sont bien d'accord sur ce point, quoique leurs chemins se soient finalement séparés : le *récit à histoire* est à proscrire entièrement parce que, en compromettant l'écriture dans les affaires équivoques de l'affabulation romanesque, il l'empêche d'accéder à sa vraie nature, et littéralement, de se délier. Le romancier n'a plus à être le secrétaire de l'Histoire, ni le redresseur de torts tranchant partout du bien et du mal, ni surtout le spécialiste de ces mélanges douteux où l'Histoire mondiale est brassée avec les peines de cœur et les ragots d'alcôve, à l'aide d'une psychologie aussi sommaire que triviale. Tout cela du reste il ne l'a jamais été réellement, il n'a fait que s'illusionner lui-même sur la vertu de ses inventions, et s'il veut maintenant se montrer véridique, il lui faut poser clairement qu'il n'a rien de spécial à raconter, mais se borne à laisser l'écriture jouer en toute liberté, dans un texte désinfecté de toute idée parasite et de tout miasme affectif (de là le nom de « roman blanc » donné naguère par Bernard Dort à ce produit idéal). Ainsi Robbe-Grillet, scandalisé par l'illusionnisme du réel dont Balzac lui paraît être non sans raison le principal représentant — il l'est au moins pour le domaine français —, s'impose d'ignorer ce que sont, ce que pensent et même qui sont ses personnages fictifs ; et s'il ne peut éviter tout à fait les histoires qu'il n'aime pas — il en raconte encore d'assez lourdement chargées, et bientôt on ne se fera pas faute de le lui reprocher —, du moins s'efforce-t-il de n'en montrer que des fragments épars, en omettant les liaisons qui en feraient une suite ordonnée. Ses successeurs il est vrai seront plus conséquents, car pour eux il ne s'agit plus de purger le récit de la matière douteuse élaborée par l'enchanteur donquichottesque — c'est-à-dire de le désenchanter, au risque de désenchanter également le public —, mais bien d'exclure du texte tout ce qui pourrait encore ressembler à un sujet organisé, ou comme dit Roland Barthes à « une histoire fabriquée ». Cette fois en effet la critique — cette part de la littérature que l'on nommait jadis « discursive » et que les Allemands appellent toujours « secondaire », pour bien marquer qu'elle vient après, dans l'ordre de l'importance comme dans celui de la chronologie — entre maintenant directement dans la composition des écrits, c'est elle qui inspire la fiction en lui représentant les principes théoriques sans quoi elle est dénuée de toute espèce de fondement (cette intrusion de la théorie dans la cage n'était certes pas comprise dans la prophétie, mais tout compte fait elle n'est pas si absurde : la théorie la plus *déliée* rêve ici de la spontanéité de la panthère, qui est pour elle précisément la plus inaccessible). Il s'ensuit un remaniement considérable des genres traditionnels, grâce à quoi la littérature « secondaire », promue au même rang que la « primaire » dans l'échelle de la création, devient un art en titre sans perdre pour autant le bénéfice de sa propre fonction. Ce qui importe dès lors n'est plus la règle du jeu imaginaire, dans lequel des êtres fictifs sont censés communiquer à des êtres vivants le sentiment intense d'un autre monde conforme au vrai, ou d'un « ailleurs » en quelque façon attirant, mais l'être du langage dont la philosophie actuelle découvre l'existence, *cet être verbal, ni réel, ni fictif, inaccessible à l'entendement et à l'imagination* qui, d'après Roland Barthes, n'a rien d'autre à faire qu'à se laisser glisser *« le long d'une histoire absente »*, belle en cela même qu'elle n'offre rien de consommable, rien non plus dont on puisse rêver. Le texte se mesure à ce qui lui vient spontanément *avant toute attitude et tout choix* (Philippe Sollers), et non pas comme le veut la superstition au *« langage excessif, encombré de signes, usé dans des histoires fabriquées »* (Barthes), qui n'est bon somme toute qu'à arrêter prématurément le mouvement insaisissable du vrai. Car ce langage ancien, *ce trop-plein de l'expression, par quoi le narrateur est expulsé de lui-même,* n'est et n'a jamais été que mensonge camouflé, aussi faut-il qu'il disparaisse complètement pour qu'une *langue de vérité* se mette enfin à parler. Toutefois comme ce langage usé, condamnable et condamné, est le seul pour l'instant dont nous ayons l'usage, Roland Barthes peut dire logiquement que c'est la Littérature dans son ensemble, « *la Littérature non seulement institutionnelle, sociale, mais aussi intérieure* », qu'il faut maintenant déconsidérer.

Sartre a noté un jour que l'homme est quelqu'un qui se raconte des histoires ; c'est indéniable, il faut même voir dans cette mythomanie invétérée la source de l'immense crédit de la littérature en tant que fabulation autorisée, ainsi d'ailleurs que la cause directe du discrédit où elle tombe toujours aux époques de réaction puritaine. Mais depuis que Freud a posé les fondements de la science des rêves, on sait aussi que toutes les « histoires » inventées par l'homme ont un sens bien déterminé, et que si ce sens paraît extravagant ou même inexistant au jour ordinaire de la conscience, c'est qu'il est lié de trop près à la ténébreuse affaire de parricide et d'inceste qui est l'épreuve humaine par excellence, aux débuts de la vie et de la pensée. Vécue comme un drame plein de périls intérieurs, puis destinée à se refroidir avant de tomber complètement dans l'oubli, la situation « œdipienne » a en effet ceci de particulier que, n'ayant jamais été résolue en fait, mais seulement en imagination, elle reste pour l'esprit un perpétuel obstacle et un perpétuel stimulant, quelque chose que l'imagination ne cesse de fuir et dont elle ne se lasse pas de parler. C'est ainsi que le petit Œdipe humain, trop faible pour la violence de ses désirs, et forcé de mûrir malgré les passions infantiles qui le tirent en arrière, tente de briser le cercle de ses contradictions par un acte imaginaire souverain : il remanie les données premières de sa vie en faisant un « roman » qui, en pensée du moins, le rend vraiment maître de son destin. Et ce petit enfant inventif, conduit à résoudre par un mensonge gracieux la crise la plus grave de l'impossibilité de vivre, n'a rien à envier au faiseur d'histoires adulte qui s'inspire de son exemple : il appartient déjà entièrement à la littérature, au meilleur comme au pire sens du mot ; bien plus il enseigne à la littérature pourquoi elle est fondée à se dire vraie en dépit de sa fausseté innée, et pourquoi, ayant l'art de changer la mythomanie individuelle en bien collectif, elle n'est jamais elle-même malgré tout qu'une branche de la mythologie.

Le théoricien a donc mille fois raison de condamner *ensemble* les histoires qu'on se raconte, celle qu'on raconte aux autres, et la littérature *institutionnelle* qui se transmet d'âge en âge comme le dernier des mythes croyables, toutes ces histoires proviennent effectivement du même fonds, et qui juge ce fonds mauvais est en droit de les lier dans un même dédain. La littérature se souvient d'elle-même dans chacune des fables qu'elle répand, en elle l'institution se confond avec l'art de conter, et elle ne continue de conter que parce qu'elle a été instituée. Il faut donc ou bien la prendre telle qu'elle est avec ses histoires tendancieuses et son Histoire trop illustrée, ou bien se déterminer enfin à la tuer. Pour ses détracteurs les plus impitoyables l'alternative est semble-t-il déjà tranchée : on la tue fort proprement, faute de pouvoir lui restituer sa « pureté ». Mais en instituant un « pur » narrateur qui, étant le seul sujet, le seul héros et le seul bénéficiaire du texte, n'a pas d'autre ambition que de contourner le récit « œdipien » appelé peut-être à naître, n'est-ce pas encore une histoire qu'on est en train de se raconter ? Car enfin ce narrateur dissous dans ses propres mots, ce théoricien de l'histoire perpétuellement éludée, qu'est-il en dernière analyse, sinon le jouet du narcissisme « pur » qui, établi illusoirement en deçà du communicable, s'absorbe entièrement dans les délices de sa dilatation ? Et chimère pour chimère, que croit-on gagner à en changer ? La littérature abusée et abusive d'autrefois avait au moins l'excuse de se croire douée pour jeter un pont entre ses fantaisies et le rêve de l'humanité — et dans ses grands moments, elle le faisait croire, en effet, c'était là justement la sagesse de sa folie —, alors que la narration désabusée se contente de s'enchanter elle-même, en veillant à ne rien laisser passer qui mette le lecteur dans le secret de son ravissement. En cela certes elle ne manque pas de courage, il en faut pour renoncer aussi totalement à séduire, et rechercher la disgrâce avec autant de détermination. — La nouvelle illusion pense-t-elle échapper ainsi au sort des vieilles chimères captivantes dont elle constate froidement le décès ? C'est peu probable, mais quoi qu'il en soit de son avenir, deux reproches au moins lui seront sans doute épargnés : même les plus injustes ne pourront l'accuser ni d'avoir régné trop longtemps sur les générations, ni de les avoir par trop charmées.

*

Il n'y a évidemment aucune mesure entre ce bonheur de *l'histoire absente* et l'angoisse, la honte, le désespoir d'un Tchekhov, à la seule idée qu'il éblouit le lecteur par ses dons sans lui donner en retour quoi que ce soit de décisif. Pour le conteur russe, le talent est hautement suspect, il dégrade son possesseur et lèse le lecteur subjugué s'il n'a que lui-même à communiquer, aussi : « Dans l'état actuel des choses, l'existence d'un artiste n'a aucun sens, et plus il est doué, plus son rôle est étrange et incompréhensible... » — D'un côté, donc, la lucidité se fait un devoir et un plaisir de porter le coup de grâce à l'art moribond ; de l'autre elle suggère le grand « quand même » qui change l'impossibilité d'écrire en puissante raison de continuer. Car avec la clairvoyance du désespéré espérant toujours, Tchekhov naturellement continue à écrire, c'est-à-dire à se désillusionner en apportant sa propre part à l'absurdité, peut-être par souci d'équité à l'égard du non-sens, ou plus probablement par humilité.

*

De quelque façon que l'on juge bon d'achever la littérature, que ce soit par une exécution pure et simple, ou par une destruction positive qui la ferait recommencer autrement, elle évoque pour l'instant ces immeubles vidés, béants, dont on ne sait s'ils tombent déjà en ruine, ou s'ils sont encore en chantier. Elle porte la marque du provisoire, avec tout ce qui s'y lit d'ambigu et de désolant.

*

Je veux noter une remarque d'André Breton touchant précisément ce qui précède, et je transcris : « Fort heureusement, les jours de la littérature psychologique à affabulation romanesque sont *contés...* », mais le lapsus est tellement pertinent que je m'en voudrais de le corriger : c'était encore un conte en effet que ces comptes prophétiques sur le dos de l'agonisante qui, au bout de cinquante ans, ne se résout toujours pas à passer.

*

Si, comme le pense Nietzsche, la grammaire est le seul Dieu que nous voulions, que nous devions encore adorer quand tous les autres ont sombré, combien aujourd'hui peuvent à bon droit se dire athées !

*

De l'avis de la psychanalyste Sophroniska, qui soigne le petit Boris dans *Les Faux-Monnayeurs* de Gide : « Tout ce qui n'est créé que par la seule intelligence est faux... » Mais que dit-elle, et que dit Gide, de ce qui est créé sans intelligence du tout ?

*

Totalitarisme du jugement. — Dès qu'un penseur s'impose comme révolutionnaire, c'est-à-dire comme assez fort et assez libre pour transgresser seul les lois de la tribu, à ses risques et périls, on incline à le juger en bloc d'après l'idée qu'on se fait spontanément du novateur absolu. Qu'il appartienne à l'art, à la littérature ou à la philosophie, on le tient sans plus pour un tout rigoureusement cohérent dont les parties, ayant le même âge, le même degré de maturité et de développement, vont toutes sans exception dans le sens extrême de la révolution. Celui qui trouble le sommeil de la généralité en l'obligeant à voir le jamais vu sous le trop connu, le jamais su sous le trop appris, on s'attend qu'il soit révolutionnaire en tout et que le tout nouveau qu'il a créé soit aussi le tout beau, le tout uni sans tache ni accroc. De là l'étonnement scandalisé des fervents lorsqu'ils s'aperçoivent tout à coup — mais l'idéalisation outrée du grand homme ne tendait peut-être qu'à cette découverte, justement — que le génie révolutionnaire a été à maint égard inexplicablement, honteusement en retard sur ce qu'on croyait être un bond sans retour aux conclusions plus radicales. Pour peu qu'il ait été misogyne, réactionnaire en politique ou conservateur en morale, on lui en veut de ces dénivellations qui cadrent si mal avec le sens subversif de son œuvre, et on lui en veut massivement, sans prendre la peine de distinguer, dans ce qui a pu en être cause, entre le péché intellectuel, qui est prouvable, et la simple opinion qui, elle, n'est jamais fausse ou vraie, mais seulement bien ou mal reçue, bien ou mal considérée selon les critères d'un temps et d'un milieu donnés. Paradoxalement, d'ailleurs, le délit d'opinion semble entacher plus gravement la réputation du penseur que les déductions hâtives, erreurs par ignorance et raisonnement boiteux qui, en bonne règle, sont pourtant vraiment de nature à la mettre en jeu (ainsi parce qu'il ne partage pas les opinions que nous regardons *aujourd'hui* comme les seules concevables *de tout temps* pour un esprit avancé, Freud est souvent cité devant ce tribunal totalitaire si peu soucieux de ses propres anachronismes ; en revanche je n'ai jamais entendu suspecter Hegel, quoique à considérer les monstruosités qu'il lui arrive de professer tranquillement — sur les nègres par exemple dans son *Traité d'esthétique* —, l'étonnant chez lui soit beaucoup moins le côté rétrograde de l'opinion qu'une aptitude bien inquiétante à dérailler).

*

Le personnage qui, dans *Les Mandarins* de S. de Beauvoir, fait fonction de psychanalyste et qui affirme sans sourciller : « On m'a trouvé un complexe d'Œdipe, assez prononcé... » — Je sais bien que le romancier ne se sent nullement tenu de connaître exactement ce dont il parle et qu'en un sens il a raison, puisque son ignorance n'est jamais sanctionnée, mais là tout de même l'auteur aurait vraiment pu se renseigner un peu, ne fût-ce que pour permettre à son héroïne de faire croire un instant à son métier.

*

En général d'ailleurs, le roman et la psychologie entretiennent des rapports assez mal définis. En tant que spécialiste incontesté des affaires de cœur et de toutes celles qui en dépendent plus ou moins, le romancier se sent au fond très supérieur au psychologue de profession, lequel par chance est trop persuadé de son incompétence sur ce terrain pour se risquer à le détromper. Ayant reçu le don gracieux de pénétrer les âmes et de rendre ce qu'il découvre dans une vision totale de l'intériorité, le romancier ne montre guère d'intérêt pour les connaissances qu'il pourrait encore acquérir de ce côté, ou s'il lui arrive d'y regarder de plus près, ce n'est pas pour se donner le moyen de compléter, d'approfondir ou de corriger ses caractères et ses conflits, mais tout au plus pour enrichir sa population d'un personnage de psychologue ou de psychiatre dont l'esprit borné et l'impuissance servent le plus souvent de repoussoir à la profondeur d'âme du héros (jamais ce personnage n'est aussi mal traité que sous les espèces du psychanalyste, jamais non plus il n'a littérairement aussi peu de nécessité : du Krokovsky de *La Montagne magique* à la Sophroniska des *Faux-Monnayeurs*, en passant par bien d'autres moins célèbres, je n'en vois pas un qui ne soit fabriqué avec les pires à-peu-près de la pire sorte de vulgarisation). L'invention du faux savant dispense apparemment le romancier d'appliquer à ses propres figures les lois que le vrai serait peut-être à même de lui transmettre. Un peu comme si, au lieu de décrire correctement un objet en train de tomber, on faisait surgir au beau milieu de la pièce un physicien chargé d'expliquer la chute des corps au public, mais destiné en même temps à liguer contre lui tous ceux que la loi de la pesanteur laisserait sceptiques ou gravement outragés dans leur dignité.

*

A la place du « Ça vaut ce que ça vaut » dont il avait coutume d'user pour s'encourager à terminer un texte à demi réussi, Arthur Adamov s'écria un jour étourdiment : « Ça vaut ce que je veux », ce qui naturellement nous fit tous beaucoup rire. En l'occurrence pourtant le lapsus ne révélait pas seulement chez son auteur le confondant confondu par la vérité de sa bévue, il montrait aussi bien plus profondément qu'en tout écrivain, le « ce que je veux » du désir narcissique ne se soumet jamais que pour la frime au « ce que ça vaut » du jugement commun.

*

Rien de plus nécessaire à une bonne hygiène intellectuelle que la pratique régulière de l'examen mythoscopique ; il est vrai qu'il y faut un appareil analytique d'une rare précision, et une patience positivement infinie.

*

Lautréamont a raison : rien ne lavera jamais une tache intellectuelle. Mais à quoi reconnaître la tache quand le tissu tout entier n'est plus que maculature ?

*

Cela dit il n'y a pas de dernier mot. — La danse de mort où la littérature s'étourdit et s'épuise ressemble à celle de Strindberg en ce qu'elle n'est encore qu'une répétition : elle ne trouve une espèce de fin que dans le « Continuons ! » par quoi le Capitaine à bout de forces s'assure le retour de ses vieux tourments. — Eh bien, soit, continuons...

DU MÊME AUTEUR

Essais :

INTRODUCTION À LA LECTURE DE KAFKA, *Le Sagittaire.*
HEINRICH VON KLEIST, *L'Arche,* collection « Les Grands Dramaturges ».
FRANZ KAFKA, *Gallimard,* « Bibliothèque Idéale ».
L'ANCIEN ET LE NOUVEAU, *Grasset.*
LA RÉVOLUTION PSYCHANALYTIQUE, *Petite Bibliothèque Payot.*
SUR LE PAPIER, *Grasset.*
ROMAN DES ORIGINES ET ORIGINES DU ROMAN, *Grasset.*
D'ŒDIPE À MOÏSE, Freud et la conscience juive, *Calmann-Lévy.*
LIVRE DE LECTURES I, *Grasset.*
SEUL COMME FRANZ KAFKA, *Calmann-Lévy,* collection « Diaspora ».
LA VÉRITÉ LITTÉRAIRE, *Grasset.*
EN HAINE DU ROMAN, étude sur Flaubert, *Balland.*

Traductions :

Georg Christoph Lichtenberg : APHORISMES, avec une préface,
Club Français du Livre
Wolfgang Gœthe : LES SOUFFRANCES DU JEUNE WERTHER,
Club Français du Livre
Georg Büchner (en collaboration avec Arthur Adamov),
avec une préface : THÉÂTRE, *L'Arche.*
Friedrich Nietzsche : AINSI PARLAIT ZARATHOUSTRA,
Club Français du Livre.
Jacob et Wilhelm Grimm : CONTES, avec une préface,
Club Français du Livre.
Robert Walser : L'INSTITUT BENJAMENTA, avec une préface, *Grasset.*
Franz Kafka : JOURNAL, avec une préface, *Grasset.*
PRÉPARATIFS DE NOCE À LA CAMPAGNE, *Gallimard.*
CORRESPONDANCE 1902-1924, *Gallimard.*
RÉCITS, in vol. V, Œuvres complètes, *Tchou.*
LETTRES À FÉLICE, *Gallimard.*
LETTRES À OTTLA ET AUX AUTRES MEMBRES DE LA FAMILLE,
Gallimard.

Composition réalisée par C.M.L., Montrouge

IMPRIMÉ EN FRANCE PAR BRODARD ET TAUPIN
7, bd Romain-Rolland - Montrouge - Usine de La Flèche.
LIBRAIRIE GÉNÉRALE FRANÇAISE - 14, rue de l'Ancienne-Comédie - Paris.

ISBN : 2 - 253 - 03270 - 0

42/4007/3